말씀과 **기도**가
해답입니다

프롤로그

말씀과 기도가 인생의 해답입니다

우리는 지금까지 인생을 살아오면서 예상치 못한 사건 사고와 질병, 자연재해와 전쟁의 위협 등, 힘겨운 시간을 경험했습니다. 이 모든 어려움은 우리를 염려와 불안으로 내몰고 있습니다. 하지만 우리가 여기까지 잘 견디며 살아올 수 있었던 것은 전적으로 하나님의 은혜입니다.

이 모든 고난을 이길 수 있는 것, 승리의 비결은 하나님의 말씀과 기도가 해답입니다. 하나님의 말씀은 생명이고 회복이며 능력입니다. 말씀이 나를 살렸고, 말씀이 나를 여기까지 있게 했습니다. 말씀이 내게 들어오면 내 영혼이 춤을 추고 기뻐합니다. 말씀이 나를 붙잡으면 새 힘을 얻고 능력과 용기를 얻습니다.

말씀이 내 영혼을 터치하면 회개가 터져 나오고 자신을 돌아볼 수 있는 계기가 됩니다. 말씀으로 나를 향한 하나님의 뜻을 발견하고 그 뜻대로 살아갈 수 있는 힘을 얻습니다. 때로는 몸이 아프고 가정과 사업의 어려움, 재정으로 인해 고통을 당할지라도 하나님의 말씀을 들으면 힘이 나고 이길 수 있는 근거가 됩니다. 그래서 오늘도 하나님 말씀을 읽고 또 듣습니다.

하나님을 사랑하기에 말씀을 사랑하고, 말씀을 사랑하기에 말씀을 듣게 되고, 말씀을 듣다 보면 말씀에 순종하게 됩니다. 내가 말씀을 듣는 만큼 변화되고 말씀을 듣는 만큼 행복할 수 있습니다.

기도는 하나님과 교제하는 축복의 통로가 됩니다. 기도를 통해 사랑하는 하나님 아버지께 마음을 드리고, 어떤 말도 할 수 있어서 참 좋습니다. 그때마다 하나님이 나를 받아 주시고 만나주시며 안아주십니다. 기도할 때 내게 감동을 주시고 은혜와 응답을 베푸시며 나를 새롭게 하십니다. 그래서 오늘도 조용히 기도로 하나님께 나아갑니다.

코로나 상황뿐만 아니라 평생 살아가면서 부딪히는 어떤 일도 이길 수 있는 것은 역시 말씀과 기도뿐입니다. 우리에게 허락된 고난을 선한 열매로 바꾸어 주실 때까지 하나님을 간절히 기대하고 바라보며 말씀과 기도로 나아갈 때 우리를 붙들어 주시고 승리할 수 있습니다. 말씀과 기도가 인생의 해답입니다.

부족한 사람의 설교를 언제나 최고의 설교로 여겨주시고 하나님의 말씀을 기쁨과 눈물로 받아 회복과 치유, 성숙의 사람으로 세워가는 동역자들이 참 귀합니다. 늘 언제나 지지해주시고 격려해주시는 충정교회의 온 교우들과 책이 나오도록 많은 수고를 아끼지 않으신 도서출판 따스한 이야기 대표 김현태 목사님께 고마움을 전합니다.

2023년 1월
최 규 명

목 차

프롤로그 • 003

1장 너희는 이렇게 기도하라

하나님 아버지께 기도하라 • 015
하나님의 이름이 거룩히 여김을 받으소서 • 018
하나님의 나라가 오게 하소서 • 021
하나님의 뜻을 이루소서 • 024
오늘 우리에게 일용할 양식을 주옵소서 • 027
용서와 회개의 삶을 살게 하소서 • 030
우리를 시험에서 승리케 하소서 • 033
영광송과 아멘 • 036

2장 너는 내게 부르짖으라

예수님의 기도 습관 • 041
기도는 내 영혼의 생명줄이다 • 044
응답하시는 아버지께 기도하라 • 047
다니엘의 기도 • 050
하나님을 신뢰하여 고난을 극복하라 • 053
위기를 기도로 극복한 사람 • 056
치유를 경험한 기도의 사람 • 059
그럼에도 불구하고 • 062
아굴의 두 가지 기도 • 065
남자의 권위는 기도할 때 세워진다 • 068

3장 | **구하라, 찾으라, 두드리라**

응답하시는 하나님을 찬양하라 • 073
기도의 축복 • 076
승리의 중보기도 • 079
사랑의 중보기도 • 083
염려를 기도로 바꾸라 • 086
닫힌 것을 여는 기도 • 090
기도로 회복하라 • 093
함께 기도함의 축복 • 096
예수님의 이름으로 기도하라 • 099
기회를 놓치지 않는 믿음 • 102

4장 | **영과 진리로 예배할지니라**

경건은 균형입니다 • 107
네, 주님 그렇게 하겠습니다 • 110
복음과 성령으로 살리라 • 113
고통 중에 회복을 경험하라 • 116
하나님과 친밀한 교제 • 120
하나님께서 예배와 선교를 회복시킨다 • 124
예수님이 기대하시는 교회 • 127

목 차

5장 | **다음 세대를 세우라**

아이들을 사랑하고 축복하라 • *133*
다음 세대에게 하나님의 말씀을 가르치라 • *136*
하나님을 존중하는 자와 멸시하는 자 • *139*
예수님처럼 균형 있게 자라가라 • *142*
온전한 다음 세대를 꿈꾼다 • *146*
4922의 축복 • *150*
부모의 마음으로 다음 세대를 살리자 • *153*
현숙한 여인 • *159*
건강한 가정, 행복한 가정 • *162*

6장 | **하나님과 동행하라**

하나님의 꿈으로 고난을 돌파하라 • *169*
복을 나누는 인생 • *173*
유혹을 이기라 • *176*
꿈을 이루시는 하나님의 은혜 • *179*
잊지 않으시고 일하시는 하나님 • *184*
하나님의 때는 반드시 온다 • *187*
하나님의 뜻을 누리는 삶 • *191*
나를 회복시켜 주소서 • *194*

7장 | 범사에 감사하라

기적의 문을 여는 열쇠, 감사 • 199
하나님께 영원토록 감사하라 • 202
행복과 감사 • 205
하나님의 비전에 눈을 뜨자 • 208
고난을 이기는 부활의 믿음 • 211
부활 신앙과 승리하는 삶 • 214
하나님의 사랑이 능력이다 • 217
내가 하는 일을 네가 보리라 • 220
성전 vs 왕궁 • 223
세 나무의 소원 • 226
참된 행복 • 230
하나님의 은사로 불꽃처럼 쓰임 받는 인생 • 235
선택은 영원을 좌우한다 • 239
성령 충만을 받으라 • 243

날마다 부어주시는
회복의 말씀

말씀과 기도가
해답입니다

말씀과 **기도**가
해답입니다

너희는 이렇게 기도하라

하나님의 이름을 부르는 것이 기도의 시작이고 출발이다.
하나님의 이름을 부르면 하나님과 연결된다.
나는 얼마나 하나님을 생각하고 하나님의 이름을 적극적으로
고백하고 있는가? 기도는 내 중심이나 욕심으로 구하는 것이
아니라 우리의 시선을 하나님께 고정하고 그분을 묵상하는 것이다.

하나님 아버지께 기도하라

YouTube 에서
설교 동영상을
보실 수 있습니다

"그러므로 너희는 이렇게 기도하라 하늘에 계신 우리 아버지여"(마 6:9).

예수님이 직접 가르쳐 주신 기도는 가장 바른 기도이고 모범적이며 모델이 된다. 예수님은 기도하실 때마다 아버지께 기도하셨고 우리에게도 기도할 때 아버지께 기도하라고 말씀하셨다. 기도할 때 기도의 대상이 중요하다. 기도는 산이나 바다, 돌이나 나무, 그릇에 물 떠놓고 비는 것이 아니다. 기도는 살아계신 하나님 아버지께 하는 것이다. 아버지는 가장 가까우면서도 친밀하고 신뢰할만한 대상이다.

과거에 육신의 아버지로부터 아픔과 상처가 있는 분들은 기도할 때 하나님을 '아버지'라고 당당하게 부르지 못한다. 사탄은 우리가 하나님을 아버지라고 부르지 못하도록 하나님 아버지에 대한 이미지를 파괴한다. 결국, 하나님 아버지의 사랑을 모르고 생활하여 기도의 풍성함을 누리지 못하게 된다.

예수님을 믿고 영접하면 하나님의 자녀가 된다. 천지를 창조하신 하나님이 나의 아버지가 되시고 나는 그분의 자녀가 된다는 것은 가장 큰 영광이고 특권이다. 하나님은 나의 아버지이시고 나는 하나님의 사랑받는 자녀라는 사실을 결코 잊어서는 안 된다. 신앙에 있어서 중요한 것은 하나님을 내가 누구로 알고 믿고 있느냐가 중요하다.

남의 아버지가 능력이 많아도 나와는 상관이 없다. 하나님의 자녀는 하나님 아버지와 교제할 수 있고 기도할 수 있으며 응답을 받을 수 있다. 안타까운 것은 이 자녀의 특권을 장롱 면허처럼 사용하지 못해 기도 응답의 풍성한 은혜를 누리지 못하는 분들이 많다는 것이다.

예수님 당시 하나님의 이름을 부를 때 감히 두려워서 함부로 부르지 않았다. 구약 성경에서도 하나님을 아버지라고 부른 사람이 없다. 그런데 예수님께서 기도를 가르쳐 주실 때 하나님을 두려워하지 말고 아버지라고 부르라고 말씀하셨다. 이 세상 누구도 아버지 없이 태어난 존재는 없다. 하나님이 아버지가 된다는 것은 우리 존재의 근원이시라는 것이다.

　육신의 아버지는 몸이 아프기도 하고 늙기도 하며 능력과 지혜에 있어서 제한이 있다. 하지만 하나님 아버지는 전지전능하시고 영원하시기에 자녀 된 우리를 공급하시고 책임지실 수 있다. 하나님 아버지라는 말속에는 이미 좋은 것을 응답해 주시겠다는 약속이 포함되어 있다.

　아버지와 자녀의 관계는 떼려야 뗄 수 없는 사랑의 관계다. 그래서 하나님을 더 친밀하게 '아빠 아버지'라고 부른다. 하나님은 멀리 계신 분이 아니고 나와 함께 하시는 분이시다. 아빠 아버지라고 부르기만 해도 나의 모든 것이 다 들어있고 하나님은 우리 마음을 아시고 응답하시는 분이시다.

　그러므로 우리에게 닥쳐오는 어떤 문제 앞에서도 낙심하지 말고 아버지 되시는 하나님께 아뢰고 지혜를 얻어 승리하는 삶을 살아야 한다.

하나님의 이름이 거룩히 여김을 받으소서

YouTube 에서
설교 동영상을
보실 수 있습니다

"이름이 거룩히 여김을 받으시오며"(마 6:9).

예수님이 가르쳐 주신 기도는 하나님을 찬양하고 영광 돌리는 부분과 우리 필요에 대한 기도로 나눌 수 있다. 하나님이 기뻐하시는 바른 기도는 먼저 하나님을 높이는 것이다. 부모는 자녀에게 먹을 것과 마실 것, 입을 것이 무엇인지 다 알고 있으며 때가 되면 주신다. 우리가 먼저 그의 나라와 그의 의를 구하면 이 모든 것을 주신다고 약속하셨다. 우리가 의식주를 구하지 말라는 것이 아니라 기도 순서상 먼저 하나님께 영광과 찬양을 올려드리라는 것이다.

우리는 기도할 때 무엇을 위해 제일 먼저 기도하는가? 나 자신을 위해 먼저 기도하는 사람이 있다. 나의 필요와 나의 문제 해결, 내 질병과 사업, 내 가정을 위해 기도하는 분들이 많이 있다. 또 어떤 분들은 나 자신보다 다른 사람을 위해 기도한다. 기도하는 것은 귀한 일이지만 나보다, 다른 사람보다 먼저 하나님의 이름과 영광을 위해 기도해야 한다.

내가 잘 나갈 때나 승승장구할 때, 합격하고 승진할 때 하나님께 영광 돌릴 뿐만 아니라 힘들고 어려울 때, 아프고 고통당할 때, 눈물 흘리고 어두운 터널을 지나갈 때도 먼저 하나님께 영광 돌리기를 원하신다. 하나님은 거룩하시고 그의 이름이 높아지기를 기도할 수 있다면 하나님께서 기뻐하시고 나의 모든 문제도 응답해 주실 것이다.

하나님의 이름을 부르는 것이 기도의 시작이고 출발이다. 하나님의 이름을 부르면 하나님과 연결된다. 나는 얼마나 하나님을 생각하고 하나님의 이름을 적극적으로 고백하고 있는가? 기도는 내 중심이나 욕심으로 구하는 것이 아니라 우리의 시선을 하나님께 고정하고 그분을 묵상하는 것이다.

하나님의 이름을 높이기 위해서 우리는 먼저 하나님을 더 많이 알아야 한다. 어떤 기업체나 제품, 가게를 자랑하려면 그곳을 체험하고 알아야 한다. 말씀을 통해 하나님이 누구신지, 무엇을 기뻐하시는지, 무엇 때문에 마음 아프신지를 알아야 한다. 내가 발견하고 경험한 하나님을 마음껏 높이고 자랑할 수 있기를 바란다.

하나님의 이름이라는 것은 부르는 알파벳 호칭이 아니라 바로 하나님 자신을 의미하며 하나님의 속성과 성품이 담겨 있다. 하나님은 하나님의 이름에 합당한 영광과 높임을 받으셔야 한다. 하나님을 높이는 인생은 하나님께서 책임지시지만, 사람을 높이거나 하나님의 이름을 욕되게 하여 영광을 가리게 되면 그 인생은 결국 무너지게 된다.

개혁주의 신앙의 뿌리가 되는 웨스트민스터 신앙고백 소요리문답 제1문은 사람의 제일 되는 목적은 하나님을 영화롭게 하고 그와 더불어 영원토록 즐거워하는 것이다. 오직 하나님의 이름과 영광만이 드러나는 아름다운 삶이 되기를 기도한다.

하나님의 나라가
오게 하소서

YouTube 에서
설교 동영상을
보실 수 있습니다

"나라가 임하시오며 뜻이 하늘에서 이루어진 것 같이 땅에서도 이루어지이다"(마 6:10).

주님이 가르쳐 주신 기도를 사모함으로 잘 배우면 우리의 기도가 달라지고 신앙과 삶도 달라진다. 기도의 순서 중 하나님을 찬양하는 부분 가운데 두 번째는 하나님 아버지의 나라가 임하시기를 기도하고 있다. 우리가 먼저 구해야 할 것은 나를 위한 기도보다 하나님의 나라를 위해 기도하는 것이 우선순위가 되어야 한다.

하나님의 나라는 영토나 장소적인 것과 우리의 삶의 현장과 모든 영역 속에서 하나님의 주권과 통치, 다스리심이 이루어지는 것을 의미한다. 우리의 심령과 육체, 가정과 교회에서 내가 나의 주인이 아닌, 하나님을 주인으로 인정하고 통치받으면 하나님의 나라가 임하는 것이다.

하나님의 나라는 성경의 주제이고 예수님과 세례 요한의 첫 번째 메시지의 내용이었다. 예수님께서 십자가에서 죽으시고 부활하셔서 승천하시기까지 40일 동안 세상에 계시면서 하나님 나라의 일을 말씀하셨다. 예수님에게 하나님 나라는 일부가 아니라 전부이다.

하나님의 나라는 하나님이 왕이신 나라다. 하나님이 우리의 모든 영역을 통치하시면 어두움은 떠나가고 진정한 행복과 기쁨, 평안과 자유를 누린다. 하나님의 통치를 받지 못해 하나님의 나라를 경험하지 못하면 아무리 세상 문화와 과학 문명이 발전한다고 할지라도 진정한 자유와 은혜를 누리지 못하게 된다.

우리는 지금도 하나님의 나라를 경험할 수 있다. 몸이 아파 병원에 입원했을 때, 재정적인 고통이 닥쳐올 때, 힘들고 어려운 상황들이 생길 때라도 그 속에서 하나님의 통치와 다스림을 받고 있다면 하나님의 나라를 경험하여 고난을 돌파할 수 있다. 하나님의 나라가 임하면 누구도 방해할 수 없기 때문이다.

로버트 멍어(Robert Munger)가 쓴 『내 마음 그리스도의 집』이란 책을 보면 예수 그리스도께서 우리 삶의 모든 영역에서 주인이 되신다는 진리를, '집'이라는 비유로 거실, 서재와 주방, 작업실, 오락실, 침실과 벽장 등, 집안 곳곳이 주님의 통치를 받고 있다는 것을 설명하고 있다. 그곳에 주님이 기뻐하지 않는 것들이 있다면 주님은 그곳까지 우리의 주인 되기를 원하신다.

우리는 무엇을 위해 살고 있는가? 인생 가운데 무엇을 소중하게 붙들며 살고 있는가? 물질과 쾌락, 권력과 명예, 학벌과 인기 등. 하지만 하나님의 나라를 경험하고 사는 사람에게는 이런 것들은 더 이상 부럽지 않게 되고 그렇게 소중한 것이 되지 않는다. 하나님의 나라를 경험하지 못하니까 세상의 모든 것이 전부인 것처럼 붙잡고 살고 있는 것이다.

내게 주신 모든 삶의 영역 속에서 하나님이 주인 되시고 우리는 그분의 통치를 받으며, 모든 은사가 주의 나라와 영광의 도구로 아름답게 쓰임 받게 되기를 간절히 기도한다.

하나님의 뜻을 이루소서

YouTube 에서
설교 동영상을
보실 수 있습니다

"나라가 임하시오며 뜻이 하늘에서 이루어진 것 같이 땅에서도 이루어지이다"(마 6:10).

하나님께 영광과 찬양을 올려 드리는 기도 중 세 번째는 하나님의 뜻이 하늘에서 이루어진 것 같이 땅에서도 이루어지기를 위한 기도다.

예수님은 우리를 구원하시는 하나님의 뜻을 위해 순종하여 이 땅에 오셨고 사셨으며 십자가에서 죽으셨다. 우리도 하나님의 뜻을 발견하여 그 뜻에 맞추어 살고 이루며 사는 인생이 되어야 한다. 기도하지 않으면 하나님의 뜻을 알 수 없다. 우리가 기도할 때 하나님께서 기뻐하는 것이 무엇인지 알려주시고 깨닫게 하신다.

하나님의 뜻과 내 뜻이 일치하면 행복하지만, 만약 다르다면 연약한 우리보다 하나님이 더 크시고 완전하시기에 내 뜻을 포기하고 하나님의 뜻을 따라야 한다. 내 뜻대로 살면 가치 있는 삶을 살 수 없고 타락하게 된다.

부모는 자녀가 아름답게 성장하기를 원하는 소원이나 기대가 있다. 하나님도 우리를 향한 뜻과 목적, 계획이 있다. 조지 트루엣(George Truett)은 "사람이 하나님의 뜻을 아는 것은 가장 위대한 지식이고, 사람이 하나님의 뜻을 행하는 것은 가장 위대한 업적이다"라고 했다. 아무리 다른 지식과 업적이 많다 할지라도 하나님의 뜻을 모르고 행하지 않는 것은 실패한 인생이다.

하나님의 뜻이 우리를 통해 펼쳐지기를 원한다면 우리는 하나님을 먼저 사랑해야 한다. 사랑하는 마음 없이 하나님의 뜻을 알거나 행할 수는 없다. 만약 하나님의 뜻을 안다고 해도 사랑하지 않으면 즐겁지도 않고 의무감이나 억지로 살게 된다. 하나님을 사랑하면 하나님의 뜻대로 사는 것이 아무리 어려울지라도 순종할 수 있다.

하나님의 뜻과 마음, 중심은 어디에 있나 살펴보아야 한다. 하나님이 무엇을 원하시는지, 무엇 때문에 기뻐하시는지 알아야 한다. 그리고 나의 인생의 방향과 목표를 하나님 중심에 맞추어야 한다. 우리는 어디서 무엇을 하더라도 하나님의 뜻을 위해 존재한다는 것을 기억해야 한다.

하나님의 뜻은 성경에 명시된 '하라'는 것과 '하지 말라'는 것을 순종하면 된다. 또 삶의 구체적인 것은 성경에 기록되지 않는 것이라 할지라도 하나님의 말씀과 기도로 하나님과 친밀해지면 하나님의 마음과 뜻을 알 수 있다.

하나님은 혼자서 일하시지 않고 우리와 함께 일하시기를 원하신다. 하나님은 이 땅에서 뜻을 이루시기 위해 천사들이나 이미 하늘나라에 있는 믿음의 선배들을 통해 일하시지 않고 구원받은 우리를 통해 하나님의 뜻을 펼치신다. 하나님의 뜻을 위해 사는 삶이 가장 위대하고 가치 있는 삶이다.

오늘 우리에게
일용할 양식을
주옵소서

YouTube 에서
설교 동영상을
보실 수 있습니다

"오늘 우리에게 일용할 양식을 주시옵고"(마 6:11).

'너희는 이렇게 기도하라'고 가르쳐주신 예수님의 기도를 잘 배우면 우리에게 기도뿐만 아니라 바른 신앙과 생활에 영향을 준다. 예수님은 하나님께 영광과 찬양을 드리는 기도를 우선순위로 하고 인간에게 필요한 기도를 하라고 하신다. 그 첫 번째가 일용할 양식에 대한 기도다.

예수님을 믿는 사람은 영적으로만 사는 것이 아니라 육체를 가진 존재이기에 먹지 않으면 살 수 없다. 그리스도인들에게 일용할 양식은 하나님의 이름과 나라, 뜻과 영광을 위해 살기 위해서는 필요한 것이다.

하나님께서 우리에게 일용할 양식을 구하라는 것은 공급해 주시겠다는 하나님의 약속이다. 우리가 살아가면서 필요한 모든 것은 하나님이 주신 것이다. 우리에게 생명과 건강, 지혜와 능력, 사람과 물질도 하나님이 은혜를 베풀어주셔서 여기까지 오게 된 것이다. 그러므로 우리는 교만할 수 없고 겸손해야 하며 하나님께 감사해야 한다.

일용할 양식은 먹을 것과 마실 것만 말하는 것이 아니라 입을 것과 살 곳, 물질과 물품, 공기와 햇빛, 사업과 직장, 가족과 이웃 등, 인간이 기본적으로 필요한 모든 것이 포함되어 있다. 하나님은 우리 삶의 모든 영역에 관심이 있으며 채워주시기를 원하신다.

'오늘'이라는 시간은 하나님이 주신 선물이다. 오늘 건강하다가 내일도 건강이 좋다는 보장이 없으며 오늘 돈이 많다고 내일도 돈이 있다는 보장이 없다. 내일은 나의 시간이 아니라 하나님이 주셔야 내일이 주어진다.

우리는 매일 하나님께서 공급하시는 일용할 양식을 먹고 살아간다. 처음에는 하나님께 감사하다가 매일 공급해 주시니 당연한 줄 알고 감사하지 않게 된다. 이스라엘 백성들이 광야에서 하나님께서 베풀어주신 만나를 처음 먹을 때는 꿀 섞은 과자 같다고 하면서 좋아하다가 매일 먹여주시니 하찮은 음식이라고 말한다.

일용할 양식은 나에게만 아니라 우리에게도 주시도록 기도해야 한다. 하나님은 우리 공동체에 관심이 있으시다. 이웃과 도시, 민족, 열방에 있는 분들을 위해 기도하고 나누어야 할 것을 말한다. 우리는 누군가의 도움 없이 여기까지 올 수 없었다. 하나님이 붙여준 사람들을 통해 일용할 양식을 공급해 주신다. 그러므로 다른 사람들을 섬기며 베푸는 일은 마땅한 일이며 세상을 축복하며 살아갈 때 굶주림 없는 아름다운 세상이 될 것이다.

하나님은 날마다 우리와 교제하기를 원하신다. 매일 일용할 양식을 구함으로 하나님과 친밀해지고 채워주시는 하나님의 응답을 날마다 경험하기를 축복한다.

용서와
회개의 삶을
살게 하소서

YouTube 에서
설교 동영상을
보실 수 있습니다

"우리가 우리에게 죄 지은 자를 사하여 준 것 같이 우리 죄를 사하여 주시옵고"(마 6:12).

그리스도인은 이 세상을 내 힘과 지혜로 살지 않고 기도와 하나님의 응답으로 살아가는 사람들이다. 기도의 원리를 배우는 것은 중요하다.

주님께 우리의 죄를 용서해달라고 기도하기 전에, 먼저 우리에게 잘못한 사람을 용서하는 것이 필요하다.

우리가 다른 사람을 용서하지 못하면 천국에서 지옥에 가는 문제는 아니지만, 하나님의 은혜와 능력, 자유와 기쁨을 누리지 못하는 엄청난 손해를 보게 된다. 우리가 용서하고 회개하는 삶을 산다면 성령충만을 경험할 수 있고 구원의 기쁨과 주님이 주시는 평강의 삶을 누릴 수 있다.

우리는 하나님으로부터 용서받기를 원하지만 다른 사람의 잘못을 용서해 주는 것을 어려워한다. 그래서 어떤 분들은 주기도문을 고백할 때 이 부분을 부담이 되어 침묵하는 분들도 있다.

용서의 대상은 멀리 있고 모르는 사람이 아니라 아주 가까이 있는 사람이다. 어떤 분들은 다른 사람은 용서가 되는데 배우자나 부모, 친구, 성도, 직장 동료 등은 용서가 안 된다고 한다.

하나님께서 나를 어떻게 용서해 주셨는지 기억해야 한다. 내가 죄인으로 지옥 갈 존재였는데 예수님의 십자가를 통해 용서를 입었다는 사실을 평생 기억하고 용서하며 살아야 한다.

내게 손해를 끼친 사람을 용서하는 것은 내 힘으로 불가능하기에 하나님의 은혜와 능력이 필요하다. 하나님의 도우심을 기대하며 용서하기로 결단할 때 감당할 수 있는 용기와 은혜를 주신다.

하나님은 우리를 용서하려고 작정하신 분이시다. 우리는 죄를 많이 짓고 회개는 조금 하는 경우가 있다. 생활하면서 잘못하는 말과 행동, 생각들을 철저하게 회개할 때 신실하신 하나님께서 용서해 주신다. 능력은 순결과 거룩함에 있고, 하나님께서 능력있게 쓰시는 사람은 은사 많은 사람보다 순수하고 깨끗한 사람을 쓰신다.

우리는 하나님의 뜻을 기대하고 실천하는 것을 매우 크고 어렵게 생각할 때가 있다. 용서와 화해, 사랑은 나 자신의 회개로부터 시작되며 가장 중요한 하나님의 바람인 것이다. 일상 속에서 용서와 사랑을 삶으로 살아내는 것이 곧 하나님의 뜻이다. 날마다 성령님을 의지하고 기도함으로 용서와 사랑을 배우고 실천하여 하늘의 기쁨과 평강을 누리며 살자.

우리를 시험에서
승리케 하소서

YouTube 에서
설교 동영상을
보실 수 있습니다

"우리를 시험에 들게 하지 마시옵고 다만 악에서 구하시옵소서"(마 6:13).

우리가 기도할 때마다 감사한 것은 예수님이 우리에게 기도를 가르쳐 주신 것이고, 가르쳐 주신 주기도문을 묵상할 때마다 예수님은 우리를 잘 알고, 이해하며 세심하시다는 것을 알게 된다.

우리는 하나님께 기도를 드릴 때 무슨 기도부터 드려야 하고 어떤 기도가 중요한지 모를 때가 많다. 이런 연약함을 예수님께서 아시고 꼭 필요한 기도를 가르쳐 주셨다.

우리가 시험에 빠지지 않기를 기도하라는 것은 예외 없이 누구에게나 시험이 올 수 있다는 것이다. 시험은 한 번 승리하면 끝나는 것이 아니라 순간(瞬間)마다 다가오는 것이기에 시험에서 한 번 이겼다고 자만해서는 안 된다.

세상을 살아가면서 시험이 되는 일이 여러 가지로 다양하게 다가온다. 가정과 직장, 심지어 교회에서도 시험 거리가 많다. 예배와 선교, 봉사와 구제, 앉는 자리와 주차하면서도 시험 거리가 있을 수 있다. 그래서 무엇을 하든지 시험에 빠지지 않기를 기도해야 한다.

하나님이 주는 시험은 자신을 돌아보고 수준을 체크할 수 있으며 다음 단계로 넘어갈 수 있다. 우리의 믿음이 자라고 성숙하게 하며 온전케 하는 것이기에 유익을 준다.

마귀가 주는 시험은 유혹이다. 우리의 믿음을 무너지게 하고 믿음에서 멀어지게 하며 영혼을 파괴한다. 이 시험은 달콤하고 매력적이다. 먹음직도 하고 보암직도 하며 지혜롭게 할 만큼 탐스럽게 다가온다.

시험과 유혹은 말씀과 기도로 분별해야 한다. 무슨 일을 하든지 하나님이 기뻐하시는 것인지 살펴보아야 하고 내 영혼에 유익이 있는 것인지 확인해야 한다. 그렇지 않으면 차단해야 하고 멀리해야 한다.

예수님이 말씀으로 마귀의 시험을 이겼듯이 우리도 하나님의 말씀으로 무장하여 승리할 수 있기를 바란다. 또 주님께서 시험에 들지 않게 깨어 기도하라고 하신 것처럼 내 힘으로 시험을 이길 수 없기에 하나님의 도우심을 구하는 기도를 드릴 때 감당할 은혜와 지혜, 힘을 주신다.

그러므로 시험을 만날 때 간절히 기도하면 오히려 전화위복으로 선을 이루어 주시는 하나님의 능력을 체험할 수 있다. 어떤 시험이든지 주님께 손 내밀어 승리하는 축복의 사람이 되자.

영광송과 아멘

YouTube 에서
설교 동영상을
보실 수 있습니다

"나라와 권세와 영광이 아버지께 영원히 있사옵나이다 아멘" (마 6:13).

하나님께서 우리를 지으신 것과 예수 그리스도를 통해 구원하신 목적은 찬양과 영광을 받으시기 위함이다. 신구약 성경의 전체 흐름과 모든 내용에도 사람들의 죄악과 고난, 악인들이 득세하는 내용이 나오지만 결국 마지막 부분은 언제나 하나님을 찬양하는 것으로 되어 있다.

주님이 가르쳐주신 기도를 보면 기도의 대상인 하나님 아버지를 부르는 것으로 시작하여 하나님의 이름, 나라, 뜻을 위해 기도하는 내용으로 되어 있다. 그리고 우리에게 필요한 일용할 양식, 용서와 회개, 시험에 빠지지 않고 악에서 구해달라는 기도를 드린다. 기도의 마무리는 하나님께 영광을 올려 드리는 것과 예수님의 이름으로 기도하면서 '아멘'으로 마친다.

하나님께 영광과 감사를 올려드리는 것이 인생의 목적이고 신앙과 기도의 본질임을 우리는 성경을 통해 알 수 있다. 하나님께 많은 은혜를 받은 사람은 찬양할 수밖에 없고 하나님을 높이는 사람에게 더 큰 은혜를 부어주시며 그 인생을 책임져 주신다.

하나님의 나라와 권능과 영광은 영원하다. 이 세상의 모든 것은 영원하지 않다. 건강과 물질, 명예와 권력도 잠시뿐이며 곧 지나간다. 호흡 있는 사람은 안개처럼 사라지는 연약한 존재다. 만약 사람에게 능력이 있다면 사람에게 구하고 하나님께 기도할 이유가 없다. 하지만 우리를 지으신 창조주 하나님은 전능하신 분이기에 자녀인 우리의 어떤 문제와 기도에도 능히 응답해 주시는 아버지이시다.

요한계시록에는 '아멘'이신 예수님께서 말씀하셨고, 복음서에는 예수님이 '아멘'을 직접 많이 사용하셨으며 우리가 '아멘'할 때 하나님께서 영광을 받으신다. 우리가 '아멘'하는 것은 이 기도는 진실한 기도이고 하나님께서 받으시고 반드시 이루어 주실 것을 믿는 것이다.

하늘나라에서 천사들이 하나님을 찬양하는데 '아멘'으로 시작하여 '아멘'으로 마친다. 천국에는 '아멘'이 가득하고 성경의 마지막도 '아멘'으로 마친다.

우리가 하나님의 말씀을 받을 때나 찬양할 때 기도와 축도 받을 때 '아멘'으로 화답하여 하나님께 영광 돌리는 생애가 되고 풍성한 은혜를 누리는 복된 인생이 되기를 간절히 축복한다.

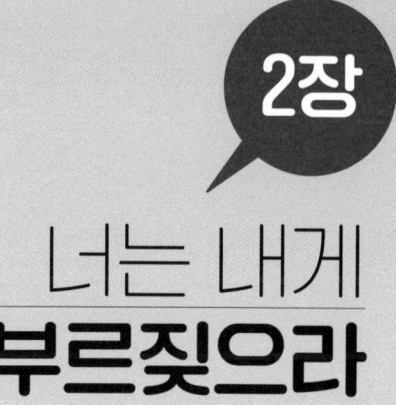

2장
너는 내게 부르짖으라

하나님은 나의 과거와 현재, 미래까지 완벽하게 아시는 분이시다.
하나님은 최상의 모습으로 나를 빚으시고 작업하고 계신다.
하나님은 크신 분이시며 나를 사랑하시고 반드시 선으로 인도하신다.
하나님의 주권을 믿고 받아들일 수 있다면 이것이 믿음이요,
고난을 이길 수 있는 능력이 된다.

예수님의 기도 습관

YouTube 에서
설교 동영상을
보실 수 있습니다

"새벽 아직도 밝기 전에 예수께서 일어나 나가 한적한 곳으로 가사 거기서 기도하시더니"(막 1:35).

같은 행동을 지속적으로 계속하면 습관이 된다. 좋지 못한 행동을 계속하면 나쁜 습관이 되어 인생을 망치게 되고 좋은 행동을 계속하면 거룩한 습관이 되어 예수님을 닮은 삶이 된다.

예수님의 기도는 어쩌다 한 번 하신 것이 아니라 사역 초기와 중기, 후기에도 새벽에 일어나서 한적한 곳에 가셔서 기도하셨다. 기도는 정해진 시간과 장소가 있는 것이 좋다. 사람은 생각나면 기도하고, 생각나지 않으면 기도를 안 한다. 사람이 연약하기에 계획을 세우지 않으면 기도하기 어렵다.

기도는 아무 때나 어디서나 할 수 있지만, 기도 시간과 장소를 정하는 것은 중요한 일이다. 새벽 시간은 욕심을 내려놓으며 사람을 보지 않고 하나님과 독대하는 시간, 하루의 첫 시간에 하나님과 교제하고 하늘 문을 여는 시간이다. 하루의 일과를 하나님께 맡겨 드리고 사명과 은혜를 공급받는 시간이다.

예수님은 기도하는 것을 자랑하거나 보여주기 위해서 하지 않으셨다. 예수님은 잠자는 제자들을 위해 기도하셨다. 우리도 예수님처럼 자녀를 위해 기도하는 부모가 되고, 성도를 위해 기도하는 참된 목자가 되어야 한다. 병원의 환우를 위해 기도하는 사람, 군의 장병들을 위해 기도하는 사람, 선교지의 영혼들을 위해 무릎 꿇고 기도하는 한 사람을 통해 은혜와 기적이 일어난다.

예수님은 바쁘게 열심히 사셨다. 그러나 예수님은 삶의 중심에 기도가 있었고 질서가 있으셨기에 일에 치우쳐 살지는 않으셨다. 우리는 너무 바빠서 기도하지 못한다고 한다. 사실은 기도하지 않으니까 바쁜 것이다. 기도하면 중요한 일과 덜 중요한 일이 구분되고 우선순위가 무엇인지 깨닫게 된다. 기도하지 않으면 중요한 일보다 바쁜 일을 먼저 하게 되고 삶이 뒤죽박죽된다.

우리가 너무 바빠서 기도를 못 한다고 하지만 미국의 윌로우크릭교회를 목회하는 빌 하이벨스 목사는 '너무 바빠서 기도합니다'

라는 책을 썼다. 결국, 바빠서 기도를 못 하는 것이 아니라 기도의 중요성을 알지 못하고 믿음이 없어서 기도를 못 하는 것이다.

우리의 삶 가운데 어떤 일보다 기도를 최우선으로 하여 예수님처럼 좋은 기도의 습관을 만들고 행복한 기도의 사람이 되자

기도는
내 영혼의
생명줄이다

YouTube 에서
설교 동영상을
보실 수 있습니다

"기도를 계속하고 기도에 감사함으로 깨어 있으라"(골 4:2).

하나님과 친밀한 교제와 인격적인 대화를 위해 계속 기도하는 것이 중요하다. 기도는 영적인 호흡과 같아서 사람이 호흡하지 않으면 살 수 없는 것처럼 하나님의 자녀는 기도하지 않거나 중단하면 살 수 없다. 기도 제목의 일부분만 맡기고 기도하는 것이 아니라 모든 문제를 하나님께 기도할 수 있어야 한다. 고난 중에만 기도하지 않고 승리 이후에도 기도해야 할 것이다.

하나님이 기도를 계속하라고 권면하는 것은 매 순간 하나님을 의식하며 살라는 것이고 하나님께서 은혜를 주시겠다는 간절함이 묻어있는 말이다. 교회에서뿐만 아니라 가정과 직장 등, 언제 어디에서나 하나님께 묻고 교제하며 살아야 한다. 우리는 기도하지 않으면 인간적인 말이나 행동을 하게 된다. 쉽게 분노와 짜증을 내거나 불안과 두려움 속에 산다. 하지만 하나님과 교제하는 기도의 사람은 기쁨과 평강, 용기와 담대함, 여유가 생긴다.

사무엘은 기도하기를 중단함으로 하나님 앞에 범죄 하지 않겠다고 고백한다. 기도하지 않는 사람은 기도하지 않고도 살 수 있다고 말하는 사람이고 기도의 능력을 경험하는 사람은 기도하지 않고는 살 수 없다는 것을 아는 사람이다.

숨을 쉬거나 음식을 먹는 것을 자랑하는 사람은 없듯이 기도를 다른 사람들보다 많이 한다고 해서 교만하거나 자랑해서는 안 된다. 어떤 사람은 기도하면서도 삶은 엉망인 분들이 있고 남들을 지적하고 정죄하며 비난하고 원망한다. 기도를 하지 않는 것도 위험하지만 기도하면서 삶으로 연결되지 않는 것도 심각한 것이다.

기도는 하나님과 대화하는 것이기에 기도의 대상이 하나님이시다. 사람하고 대화하는 것을 기도라고 말하지 않는다. 기도할 때 누구에게 하는지를 의식하고 기도해야 한다. 일방적으로 나의 말만 하는 것을 기도라고 말하지 않는다. 기도는 하나님과 인격적인 만남이요, 친밀한 교제가 이루어지는 것이다. 하나님께 무엇이든지 말할 수 있고 하나님은 우리의 기도를 들어주신다.

기도할 때 하나님께 감사하는 것은 믿음의 표현이다. 감사는 하나님이 도우시고 응답하신다는 것을 믿는 것이기에 믿음이 없이는 감사할 수 없다. 하나님이 이미 이루셨고 지금 이루어가시고 앞으로도 이루어 주실 것을 믿는 것이다. 감사는 하나님의 은혜에 대한 반응이고 성숙한 사람만이 할 수 있다.

우연이나 당연한 것은 없다. 하나님은 우리의 감사 고백을 듣기를 좋아하신다. 원망하는 사람과 계속 교제하기 어렵듯이 우리가 감사할 때 하나님과 더욱 친밀해진다. 기도를 감사로 시작하고 기도를 마칠 때에도 감사로 마치면 좋다. 하루를 시작할 때도 감사하고 하루를 마무리할 때도 감사하자.

기도는 누구나 할 수 있는 것이 아니다. 하나님의 자녀에게만 허락하신 놀라우신 은총이요 특권이다. 그러므로 주님이 허락하신 사랑과 은혜를 기도로 받고 보답하는 삶이 되자.

응답하시는 아버지께 기도하라

YouTube 에서 설교 동영상을 보실 수 있습니다

"구하라 그리하면 너희에게 주실 것이요 찾으라 그리하면 찾아낼 것이요 문을 두드리라 그리하면 너희에게 열릴 것이니"(마 7:7).

성경은 기도에 관한 내용으로 가득 차 있다. 예수님은 기도의 삶을 사셨고 우리에게 기도를 강조하셨다. 주님은 기도를 통해 우리와 교제하고 은혜를 부어주시기를 원하신다.

기도는 하나님과 연결되기에 사탄이 우리가 하나님께 엎드리고 무릎 꿇는 것을 싫어한다. 기도는 내 힘과 경험으로 살지 않고 하나님을 의지하며 사는 것을 뜻한다.

당시 하나님을 아버지라고 부르는 것은 신성모독이고 금기 사항으로 여겼다. 하지만 예수님은 하나님을 아버지라고 부르셨고 우리에게도 하나님을 아버지라고 부르며 기도하라고 하셨다.

예수님은 기도하라는 표현을, 구하고 찾고 문을 두드리는 것 세 가지로 말씀하셨다. 이것은 간절하게 절대 포기하지 말고 끈기 있게 열정적으로 기도하라는 것이다. 구하지 않는 것은 사탄의 전략이다.

요한 웨슬리(John Wesley)는 "하나님은 사람들의 기도에 응답하시는 일 외에는 아무 일도 하지 않으신다"라고 하였다.

하나님은 지금도 응답하시고 더 좋은 것을 주시려고 응답을 준비하고 계신다. 하나님의 최고의 약속은 기도 응답의 약속이다. 그리스도인들 가운데는 이것을 믿지 못하여 기도하지 않는 분들이 있다.

우리 안에 행하시는 하나님께서 기쁘신 뜻을 이루기 위해 우리 안에 소원을 두고 행하신다. 우리의 기도가 내 욕심으로 구하지 않고 하나님이 원하시는 것을 구할 때 그 기도는 100% 응답이 된다.

하나님께서 기도하는 자에게 가장 좋은 것, 곧 하나님 자신인 성령님을 선물로 주신다. 성령님으로 충만할 때 지혜와 기쁨, 찬양과 감사, 은사와 능력, 담대함과 권세를 누릴 수 있다. 기도는 성도들에게 또 하나의 짐이 아닌 거룩한 특권인 것이다.

기도 응답은 황금률의 말씀과 관련이 있다. 대접을 받고자 하는 대로 대접하라는 말씀을 기억해야 한다. 우리가 하나님께 대접, 응답을 원한다면 다른 사람이 무엇을 도와 달라고 할 때 도와주라는 것이다. 누가 도와 달라고 하면 부담 느끼지 말고 내게 응답과 복인 줄 알고 피하지 않아야 한다.

하나님께 응답받고 싶다면 하나님을 먼저 잘 섬기는 것이 중요하다. 하나님을 주인으로 섬기고 기뻐할 때 기도 응답을 넘치도록 받을 수 있다.

다니엘의 기도

YouTube 에서
설교 동영상을
보실 수 있습니다

"다니엘이 이 조서에 왕의 도장이 찍힌 것을 알고도 자기 집에 돌아가서는 윗방에 올라가 예루살렘으로 향한 창문을 열고 전에 하던 대로 하루 세 번씩 무릎을 꿇고 기도하며 그의 하나님께 감사하였더라"(단 6:10).

성도들 가운데 많은 분이 다니엘을 좋아한다. 10대에 다니엘은 나라를 잃고 포로로 끌려와 힘든 시간을 살아가야 했지만, 당시 제사장이나 선지자가 아닌 평신도로 이방 나라에서 하나님이 누구신지 보여주며 선한 영향력을 끼쳐 큰 울림을 주는 좋은 귀감이 되는 인물이다.

다니엘에게서 배울 점들이 많이 있지만, 그중 특별히 기도에 대해서 큰 도전을 나누려고 한다. 다니엘은 하나님께 기도하면 사자굴에 던져 넣기로 한 새로운 법률을 알면서도 매일 하나님과 교제하는 기도를 포기할 수 없기에 위기 속에 빠졌지만, 흔들림 없이 믿음으로 승리한 사람이다.

그는 기도를 자랑하거나 사람에게 보이려고 예루살렘으로 향한 창문을 열고 기도하는 것이 아니었다. 솔로몬이 하나님께 기도했던 내용을 기억한 것이다. 만약 포로로 끌려간 적국의 땅에서라도 하나님께서 조상들에게 주신 땅과 주의 이름을 위해 건축한 성전 있는 쪽을 향하여 기도하면 하늘에서 듣고 돕겠다는 말씀을 붙잡은 것이다.

다니엘은 이스라엘 나라와 성전을 가슴에 품고 있었다. 그는 하나님의 임재를 사모하는 마음으로 하나님의 약속 말씀을 기억하고 기도한 것이다. 그에게 있어서 기도는 삶이었고 전부였다. 예수님처럼 습관을 따라 기도했고 어디서 무엇을 하거나 어떠한 상황 속에서도 변함없이 기도했다.

다니엘은 하루 세 번씩 무릎을 꿇고 하나님께 기도했다. 이것은 사모함과 간절함의 표현이다. 왕이나 사람에게 무릎을 꿇지 않고 진짜 나의 왕이신 하나님께 무릎을 꿇는다. 하루 세 번 기도했다는 것은 아침과 점심, 저녁 식사할 때 기도한 것을 의미한 것이 아니라 공식적인 기도 시간이 세 번 있었음을 표현한 것이다. 성도에게는 기도의 골방, 기도의 시간이 있어야 한다.

다니엘은 무시로 하나님과 교제하며 살았던 기도의 사람인 것을 알 수 있다. 그의 기도의 특징은 감사였다. 기도하면 사자 굴에 들어가는 어려운 위기 상황을 알면서도 어떻게 감사할 수 있었을까? 다니엘은 하나님께서 역사하실 것을 확신하고 믿었기에 감사한 것이다.

감사는 믿음이 있고 훈련된 사람만이 할 수 있다. 어떤 환경과 상황에 따라 감사하는 것이 아니라 하나님 때문에 감사하는 것이다. 감사하면 행복하고 하나님의 기적이 나타난다. 감사가 능력이기에 감사를 표현하며 살아가기를 바란다.

하나님을 신뢰하여 고난을 극복하라

YouTube 에서
설교 동영상을
보실 수 있습니다

"그러나 내가 가는 길을 그가 아시나니 그가 나를 단련하신 후에는 내가 순금 같이 되어 나오리라"(욥 23:10).

인생은 고난의 연속이다. 고난으로 인해 너무 힘에 겨워 지치고 울기도 하며 낙심하기도 한다. 고난으로 인해 신앙과 인격이 무너지는 사람도 있지만, 고난을 잘 극복해 순금(純金)같이 견고하게 세워지는 사람도 있다.

건강을 잃거나 재산을 잃고 사랑하는 사람들이 먼저 하늘나라로 갈 때, 관계가 깨어지고 명예를 잃어버릴 때 우리는 너무 힘든 시간을 보내게 된다. 이유 없는 고난이 닥칠 때나 주변 사람들의 오해나 비난, 수군거림과 판단을 받을 때는 더 큰 괴로움을 느낀다. 또 하나님 앞에 엎드려 기도하는데 하나님께서 답변하지 않고 침묵하실 때 우리는 더 힘든 시간을 보내게 된다.

　하나님은 사랑이시고 선하시며 긍휼히 풍성하신 분이라고 하면서 왜 하나님의 자녀인 나에게 이런 고통이 왔는지, 왜 하필이면 나만 이런 고난을 겪게 되는지 이해할 수 없을 때 외적인 고통보다 내적인 고통이 더 크다.

　하나님께서 왜 나에게 이런 고난을 주셨는지 이유라도 알고 싶어 하나님의 답변을 기다리는데, 기다리는 시간이 더 고통스러울 때가 있다. 결국 기다리다 지쳐 하나님을 멀리하게 되고 몸도 마음도 멍들게 되는 사람이 많다.

　하지만 우리는 기억해야 한다. 하나님은 창조주이시고 우리는 피조물이다. 우리는 하나님의 계획을 다 알 수도 이해할 수도 없다. 하나님은 나의 과거와 현재, 미래까지 완벽하게 아시는 분이시다. 하나님은 최상의 모습으로 나를 빚으시고 작업하고 계신다. 하나님은 크신 분이시며 나를 사랑하시고 반드시 선으로 인도하신다. 하나님의 주권을 믿고 받아들일 수 있다면 이것이 믿음이요, 고난을 이길 수 있는 능력이 된다.

　하나님은 나의 작은 일이나 큰일이나, 기쁜 일이나 힘든 일이라 할지라도 합력하여 선을 이루실 것이다. 내가 앞으로 가도 그가 아니 계시고, 뒤로 가도 보이지 아니하며, 그가 왼쪽에서 일하시나 내가 만날 수 없고, 그가 오른쪽으로 돌이키시나 뵐 수 없을 때라도 우리가 기억할 것은 내가 가는 길을 하나님이 아시고 사랑하시며 결국 하나님이 나를 단련하신 후에는 내가 순금(純金)같이 되어 나오는 영광을 경험하게 될 것이다.

위기를 기도로
극복한 사람

YouTube 에서
설교 동영상을
보실 수 있습니다

"여호사밧이 두려워하여 여호와께로 낯을 향하여 간구하고 온 유다 백성에게 금식하라 공포하매 유다 사람이 여호와께 도우심을 구하려 하여 유다 모든 성읍에서 모여와서 여호와께 간구하더라"(대하 20:3~4).

여호사밧은 35세 때 남유다의 4번째 왕으로 25년 동안 통치했다. 분열 왕국 39명의 왕 중 아합과 사돈을 맺는 실수를 저지르는 연약함에도 불구하고 하나님은 여호사밧과 함께 하셨고, 다윗의 처음 길로 행한 선한 왕으로 손꼽히고 있다.

모압과 암몬, 마온과 아람까지 연합하여 남유다를 공격해 오려고 진을 치고 있었다. 서쪽은 지중해, 동쪽은 연합군, 남북은 강대국들로 사방이 막혀있는 최대의 위기를 맞게 되었다. 하지만 여호사밧은 인간적으로 두려움이 있었지만, 군사력이나 인간의 지혜를 구하지 않고 하나님께로 낯을 향하여 기도하기 시작하고 온 유다 백성에게 금식을 공포한다.

위기의 순간에 누구와 어디를 바라보느냐에 따라 인생의 성패가 좌우된다.

여호사밧은 전능하신 하나님을 믿고 신뢰하며 약속의 말씀을 붙잡고 기도한다. 하나님께서 아브라함과 후손들에게 약속하신 땅을 주시겠다고 하셨는데 지금 적군들이 이 땅을 노리고 있으니 하나님께서 지켜주시고 도와 달라고 기도하였다. 또 하나님께서 솔로몬에게 약속한 말씀을 붙들고 기도했다. 우리가 기도할 때 지금까지 하나님께서 어떻게 은혜를 베푸시고 도우셨는지 기억하는 것과 약속을 붙잡고 기도하는 것은 매우 중요하다.

당시 남유다에 군사력이 총 116만 명이나 되었다. 여호사밧은 얼마든지 군사력을 의지할 수 있었으나 오직 주만 바라보며 기도한 것이다. 전쟁을 앞두고 주만 바라본다는 것은 어리석게 보일지 모르지만, 진짜 능력은 하나님께 있음을 믿고 의지하며 집중한다는 것을 의미한다.

전쟁은 하나님께 속한 것이기에 하나님이 도우셔야 승리할 수 있다.

하나님께서 여호사밧과 유다 민족의 기도에 응답하기 시작하셨다. 기도는 하나님이 일하시는 시간이다. 사람은 기도하고 하나님은 응답하신다. 하나님의 영이 레위 사람 야하시엘에게 임하여 전쟁은 하나님께서 함께하시기에 두려워하지 말고 나가라고 말씀하셨다.

여호사밧과 백성들은 하나님께 경배하고 백성들과 의논하여 군대 앞에 노래하는 자를 택하여 거룩한 예복을 입히고 행진하게 하였다. 세상 사람들이 보면 이해할 수 없는 일이지만 하나님을 의지하고 앞세우는 신앙고백이다. 그 결과 하나님께서 복병을 두어 연합군들이 서로 적군인 줄 알고 죽이는 일들이 펼쳐졌다. 하나님이 대신 싸워주셔서 승리를 주셨다. 여호사밧은 또 하나님을 찬양하였다.

이 모습을 보고 이방인들이 하나님을 두려워하기 시작했으며 하나님께서 나라에 태평과 평강을 주셨다. 우리도 위기 속에서 포기하지 말고 하나님을 신뢰하며 기도하여 하나님의 일하심을 경험할 수 있기를 기도한다.

치유를 경험한 기도의 사람

YouTube 에서
설교 동영상을
보실 수 있습니다

"히스기야가 낯을 벽으로 향하고 여호와께 기도하여 이르되 여호와 여 구하오니 내가 진실과 전심으로 주 앞에 행하며 주께서 보시기에 선하게 행한 것을 기억하옵소서 하고 히스기야가 심히 통곡하더라"(왕하 20:1~7).

성도들의 많은 기도 제목 중 하나는 질병으로 인한 건강 회복이다. 목회자로서 사랑하는 성도들이 고통 중에 있을 때 마음이 몹시 아프다. 전능하신 하나님의 도우심을 기대하며 치유와 회복을 위해 간절하게 기도한다. 성도들과 중보기도팀에서도 건강을 위해 자기의 일로 여기며 기도한다. 하나님의 치유를 응답받을 때 간증이 되며 큰 기쁨이 된다.

히스기야는 병들었을 때 하나님께서 이사야 선지자를 통해 살지 못할 것이라고 말씀하셨다. 히스기야는 누구보다도 하나님 편에서 믿음으로 열심히 살았다. 위기 속에서 하나님에 대한 실망감과 분노, 억울함과 항의, 원망도 할 수 있었겠지만, 히스기야는 가장 절박한 순간에 세상이나 사람을 의지하지 않고 그 얼굴을 벽으로 향해 하나님만 바라보고 집중하는 기도를 드렸다. 히스기야는 고난의 상황 속에서 절망과 포기를 하지 않고 하나님의 긍휼과 자비를 구했다.

히스기야는 앗수르의 군대가 남유다를 침략했을 때 기도를 통해 승리한 응답의 경험이 있었다. 그래서 하나님 앞에 나가서 심히 통곡하며 왕의 체면이나 자존심을 내려놓고 진정한 눈물로 하나님께 기도한 것이다.

사람에게 울지 않고 하나님 앞에서 우는 것은 믿음이다. 하나님은 눈물에 속지 않지만 순수하고 진실된 눈물 앞에서는 하나님이 응답하신다.

히스기야의 기도가 하나님의 마음을 움직였다. 하나님께서 계획을 변경하시고 이사야를 다시 히스기야에게 보내 히스기야를 고치겠다고 말씀하셨다. 하나님은 언제나 심판이 목적이 아니라 회개하고 돌이키는 자에게 긍휼을 베푸는 분이시다.

하나님은 히스기야의 기도를 들었고 눈물을 보았다고 말씀하신다. 하나님은 기도에 응답하시는 분이시며 히스기야의 하나님이 우리의 하나님이시다. 우리는 기도할 때 체계적으로 순서를 맞추려고 하거나 미사여구를 사용해 세련된 기도를 하려고 한다. 하지만 하나님이 들으시고 보시는 기도가 좋은 기도다.

하나님은 히스기야의 기도에 더 풍성하게 응답하셨다. 히스기야의 생명도 연장해 주셨고 앗수르의 손에서 구원하고 보호할 것이라고 응답하셨다. 하나님은 기도 응답에 인색한 분이 아니시다. 하나님은 독생자 예수님까지 우리를 위하여 보내 주셨는데 무엇을 아까워하시겠는가. 하나님은 자신의 영광을 위해 응답하시고 자신의 이름을 위해 의의 길로 인도하신다.

그럼에도 불구하고

YouTube 에서
설교 동영상을
보실 수 있습니다

"비록 무화과나무가 무성하지 못하며 포도나무에 열매가 없으며 감람나무에 소출이 없으며 밭에 먹을 것이 없으며 우리에 양이 없으며 외양간에 소가 없을지라도 나는 여호와로 말미암아 즐거워하며 나의 구원의 하나님으로 말미암아 기뻐하리로다"(합 3:17~18).

나를 향한 하나님의 사랑은 '만약에' 사랑이 아니다. 만약에 공부를 잘하거나 무엇을 잘하면 나를 사랑하시고 그렇지 않으면 사랑하지 않는 사랑이 아니다.

하나님의 사랑은 '때문에'의 사랑도 아니다. 내가 재능이나 돈이 많거나, 건강하기 때문에 나를 사랑하는 분이 아니다. 하나님의 사랑은 '만약에'의 사랑이나 '때문에'의 사랑이 아니고 '그럼에도 불구하고'의 사랑이다.

하나님의 사랑은 나의 조건과 상황에 상관없이 사랑한다. 나는 사랑받을 수 없는 연약한 죄인임에도 불구하고 하나님은 독생자 예수 그리스도를 보내시고 죽게 하심으로 자신의 사랑을 확증하셨다.

마찬가지로 하나님의 사람들은 '그럼에도 불구하고'의 터널을 통과한 믿음의 사람들이다. 다니엘은 하루에 3번씩 하나님께 기도하였다. 다리오 왕 때, 총리들과 방백들은 다니엘을 시기해 죽이려 했다. 다니엘은 하나님께 기도하면 사자 굴에 들어간다는 사실을 알았지만, 그럼에도 불구하고 예루살렘을 향해 창을 열고 무릎을 꿇고 하나님께 감사기도를 드린다. 결국, 사자굴에 갇힌 다니엘은 하나님의 특별하신 능력과 보호 속에 죽지 않고 살았다.

다니엘의 세 친구 하나냐, 미사엘, 아사랴는 느브갓네살 왕이 금신상을 세워놓고 나팔이 울리면 절을 하고, 절을 하지 않으면 풀무불 속에 집어넣겠다고 한 명령을 알고 있었지만, 그럼에도 불구하고 우상에게 절을 할 수 없다며 하나님을 신뢰하였다. 결국, 세 친구는 풀무불 속에 들어갔지만, 하나님의 천사가 세 친구를 보호해 주었다.

요셉도 형들에 의해 미움과 조롱을 당하고 구덩이에 빠지고 애굽의 노예로 팔리게 되었다. 그럼에도 불구하고 요셉은 원망과 불평을 하지 않고 하나님께서 나와 함께 하심을 믿고 기다렸더니 하나님께서 꿈을 이루시는 은혜를 경험하였다.

하박국은 반드시 있어야 할 것이 없다 할지라도, 그럼에도 불구하고 어떤 소유나 환경 때문이 아니라 하나님께 시선을 고정하고 구원의 하나님, 나의 힘이 되신 하나님을 바라보고 기뻐하고 즐거워할 수 있었다.

천지를 창조하시고 전능하신 하나님이 우리 안에 계시기에 하나님을 신뢰하는 사람들은 승리할 수 있게 된다.

'그럼에도 불구하고'의 신앙은 하나님께서 살아계시고 함께 하시기에 반드시 합력하여 선을 이루실 것을 믿는다. 하나님의 사랑이 '그럼에도 불구하고'의 사랑인 것을 기억해 우리도 힘들고 어려워도 '그럼에도 불구하고'의 믿음을 지키는 하나님의 사람들이 되기를 바란다.

아굴의
두 가지 기도

YouTube 에서
설교 동영상을
보실 수 있습니다

"내가 두 가지 일을 주께 구하였사오니 내가 죽기 전에 내게 거절하지 마시옵소서 곧 헛된 것과 거짓말을 내게서 멀리 하옵시며 나를 가난하게도 마옵시고 부하게도 마옵시고 오직 필요한 양식으로 나를 먹이시옵소서 혹 내가 배불러서 하나님을 모른다 여호와가 누구냐 할까 하오며 혹 내가 가난하여 도둑질하고 내 하나님의 이름을 욕되게 할까 두려워함이니이다"(잠 30:7~9).

나는 하나님께 기도하면서 어떤 내용으로 하는가? 시간이 지나면 기도한 대로 되기 때문에 무엇을 위해 기도하는가는 중요하다. 기도의 내용을 보면 그 사람의 신앙 색깔과 수준도 알 수 있다.

아굴은 죽기 전에 하나님께서 두 가지 일을 거절하지 말고 응답해 주시기를 기도한다. 한 가지는 헛된 것과 거짓말을 내게서 멀리해 달라는 것이다. 실력과 능력, 열매와 화려한 것이 없어도 진실한 사람 되기를 구하고 있다. 사람들은 헛된 것에 속아 인생을 망치는 경우가 있기에 헛된 것이 내 안에 들어오지 않게 해 달라고 기도한다.

이단이나 사이비 종교는 생명과 구원, 자유와 진정한 행복을 줄 수 없다. 헛된 것에 속으면 시간과 물질, 인생을 낭비하게 된다. 오직 예수님만이 구원과 생명을 줄 수 있는 유일하신 분이심을 기억하고, 가짜가 진짜처럼 우리에게 다가오거나 유혹할 때 분별력을 가지고 물리쳐야 한다.

사람들은 거짓말을 심각하게 생각하지 않는다. 그리고 거짓말을 조금씩은 해도 괜찮은 것처럼 가볍게 생각하고 살아간다. 거짓말은 우리의 영성과 신앙을 뒤흔들고 이중적인 삶으로 만드는 치명적인 독소다. 두렵고 떨림으로 거짓말을 하지 않는 자가 되기를 힘써야 한다. 마귀는 거짓의 아비이기에 거짓말하는 사람은 마귀에게 조종을 받는 것이다.

또 한 가지는 나를 가난하게도 마옵시고 부하게도 마옵시고 오직 필요한 양식으로 나를 먹여달라는 기도다. 가난하거나 부한 것은 나쁜 것이나 죄는 아니다. 하지만 극단적인 것은 신앙의 위기를 초래할 수 있기 때문이다. 너무 가난해서 실족하게 되거나 낙심하여 신앙을 포기할 수도 있다. 심지어는 남의 물질이나 물건을 훔쳐 하나님의 이름을 욕되게 할 수 있기에 기도하는 것이다.

반대로 너무 부유(富有)하여 물질이면 모든 것을 다 할 수 있다는 마음으로 살아가면 하나님을 의지하지 않고 물질을 의지하게 된다. 인생에 하나님을 빼앗기면 다 빼앗기는 것이기에 어떤 상황과 형편에 있든지 믿음을 잃어버리지 말고 깨끗한 부자로 살아가야 한다.

삶 속에 영적인 부유함이 풍성해지고 하나님이 주신 물질을 청지기의 자세로 역할을 감당해 하나님과 이웃에게 효과적으로 섬김의 도구로 쓰임 받기를 간절히 기도한다.

남자의 권위는
기도할 때
세워진다

YouTube 에서
설교 동영상을
보실 수 있습니다

"그러므로 각처에서 남자들이 분노와 다툼이 없이 거룩한 손을 들어 기도하기를 원하노라"(딤전 2:8).

교회와 가정에서 남자의 권위가 힘이나 큰 소리가 아닌 기도로 세워질 때 은혜와 회복이 일어난다. 성도들이 기도할 때의 모습을 보면 집중을 위해 손을 모으기도 하고, 눈을 감기도 하며, 고개를 숙이기도 한다. 어떤 분들은 일어서기도 하고, 무릎을 꿇기도 하며, 손을 들기도 하고, 가슴에 모으기도 한다.

누가복음 24장에서 예수님은 손을 들어 사람들에게 축복하고 있으며, 레위기 9장에서는 아론이 백성을 향하여 손을 들어 축복한다. 출애굽기 17장에는 모세가 이스라엘을 위해 손을 들어 기도하여 승리한 장면이 나온다.

기도는 우리의 연약한 손이 강하신 하나님의 손을 붙잡는 것이고 기도하면 하나님이 나의 손을 붙잡아 주신다. 기도를 통해 하나님은 사람과 환경을 바꾸시고 앞날을 열어 주신다.

사람들은 자신과 다르면 자신은 옳고 다른 사람은 틀렸다고 생각해서 분노하거나 갈등하고 심지어 다투기도 한다. 하지만 이것은 비본질이며, 다를 뿐이지 틀린 것이 아니기에 받아들이는 마음이 필요하다. 만약 분을 내어 다투며 기도한다면 하나님께서 그 기도를 받으실 수 없고 응답도 없다. 용서하고 사랑하며 기도할 때 하나님이 받으시고 응답하신다.

거룩하지 않은 손은 아무리 들어도 기도 응답이 없다. 우리는 삶에서 악한 모습이 아닌 깨끗하고 순결하며 거룩한 모습이 될 때 거룩한 손이 되는 것이다. 바리새인처럼 사람에게 보이려고 손을 들지 않아야 한다. 성도는 성령님께서 은혜 주시고 감동하실 때 기쁨과 자원하는 마음으로 손을 들고 찬양하고 기도할 수 있다.

손을 드는 것은 하나님을 향해 믿음의 표현일 수 있다. 손을 드는 것은 항복의 의미이며 나의 자존심과 고집, 욕심을 내려놓고 간절하고 사모함으로 은혜를 구하는 것이다. 기도하는 것은 나약함의 모습이 아니고 하나님과 함께 하는 가장 적극적이고 강력한 표현이다. 기도 없는 가정과 교회는 문제가 일어나고, 기도 없는 예배와 봉사는 하나님이 원하시지 않는다. 남자들은 어디서 무엇을 하든지 분노와 다툼을 그치고 거룩한 손을 들어 기도하기를 축복한다.

구하라
찾으라
두드리라

교회는 포기하지 않고 응답받을 때까지 절박한 심정으로 간절히 하나님께 기도한다. 간절한 기도는 기도 제목에 생사가 달린 것처럼 기도하는 것이다. 이것이 닫힌 것을 열고 묶인 것을 푸는 응답받는 비결이다.

응답하시는 하나님을 찬양하라

YouTube 에서
설교 동영상을
보실 수 있습니다

"한나가 기도하여 이르되 내 마음이 여호와로 말미암아 즐거워하며 내 뿔이 여호와로 말미암아 높아졌으며 내 입이 내 원수들을 향하여 크게 열렸으니 이는 내가 주의 구원으로 말미암아 기뻐함이니이다"(삼상 2:1).

많은 사람이 문제 앞에서 기도한다. 그러나 문제가 해결되면 기도하지 않는 성도들이 많다. 한나는 아들을 낳기 위해 하나님께 기도했으며, 아들을 낳은 후에도 자기가 믿고 경험한 하나님을 찬양하며 기도했다.

자녀가 있었던 브닌나는 자녀가 없는 한나의 마음을 괴롭게 하고 격동시켰다. 무시당하고 속상하며 많은 상처를 받았지만, 한나는 사람과 싸우거나 복수하지 않고 모든 문제를 해결하시고 회복시키실 수 있는 하나님께 나아가 기도한다. 사람하고 대립하는 것은 지혜로운 것이 아니고 미련한 것이다.

하나님께서 한나를 만져주시고 위로하시며 견고하게 세우셨다. 힘들고 고통이 있었으나 과정을 지나고 나면 하나님께서 마음을 크게 하시고 고난을 두려워하지 않게 하시며 더 성숙하게 하신다. 역시 고난은 변장 된 축복인 것을 깨닫게 된다.

한나는 아들을 주신 하나님, 기도에 응답하신 하나님으로 말미암아 즐거워하고 기뻐한다. 이 아들은 어쩌다 우연히 얻은 것이 아니라 하나님이 주셨다는 고백이다. 한나는 하나님의 능력을 신뢰하고 기도하면 응답하신다는 것을 믿고 있었기에 기도한 것이다. 문제가 있을 때마다 하나님께 나아가 기도하면 하나님께서 응답하신다.

우리는 무엇 때문에 기뻐하고 즐거워하는가? 물질이나 명예, 건강과 자녀 등, 조건과 상황이 좋아지면 기뻐하는 경우가 많다. 선물 자체도 귀하다. 그렇지만 그 선물을 주신 하나님이 더 귀하고 소중하다.

한나는 모든 관심을 하나님께 초점을 맞추고 있으며 하나님의 속성을 고백한다. 사람의 말과 행동을 달아보시고 모든 것을 아시는 전지전능하신 하나님께서 우리를 인도하신다. 사람의 힘은 한계가 있고 전능하거나 영원하지도 않다. 넘어진 자도 하나님이 새 힘주시고 회복시켜 일으키신다. 힘 있다고 자랑하거나 교만하면 안 되고 넘어졌다고 낙심하거나 좌절하면 안 된다. 하나님은 역전의 명수이시며 하나님이 허락하시면 내 인생은 얼마든지 달라질 수 있다. 하나님이 높이시면 낮출 자가 없고 하나님이 낮추시면 높일 자가 없다.

하나님은 모든 것을 다스리시는 절대 주권자가 되신다. 구원과 심판, 생명과 죽음, 천국과 지옥 등, 인간의 생사화복을 주관하신다. 그러므로 순간순간 하나님을 의지해야 한다. 당당하지만 교만하지 말고 겸손하지만 비굴하지 않은 그리스도인이 되어야 한다.

기도의
축복

YouTube 에서
설교 동영상을
보실 수 있습니다

"일을 행하시는 여호와, 그것을 만들며 성취하시는 여호와, 그의 이름을 여호와라 하는 이가 이와 같이 이르시도다 너는 내게 부르짖으라 내가 네게 응답하겠고 네가 알지 못하는 크고 은밀한 일을 네게 보이리라"(렘 33:2~3).

기도는 기독교뿐만 아니라 모든 이방 종교에도 있다. 기도 인식에 대한 변화가 있어야 바른 기도를 통해 풍성한 은혜를 누린다.

이방 종교의 기도는 사람이 만든 것이다. 사람들이 해결할 수 없는 어려운 문제들을 당할 때 누군가에게 의지하고 싶은 마음이 있어서 오래된 나무나 큰 바위, 바닷가 등, 신상이나 우상 앞에 빌기도 한다. 이것들은 사람에게 기도하면 응답해 주겠다고 말한 적이 없다. 사람들이 급하니까 아무에게나 부탁하는 것이다.

이것은 인본주의에서 시작된 것이고 사람이 만든 것이다. 사람의 의지로 열심히 기도하다가 그 열심이 무너지면 기도를 멈추거나 포기할 수밖에 없다. 이방 종교의 기도는 나의 정성과 열심, 인간의 수고와 노력을 보여주는 것이다.

기독교의 기도는 다르다. 기도는 사람이 먼저 만든 방법이거나 시작한 것이 아니라 하나님께서 우리에게 기도하면 응답해 주시겠다고 가르쳐 주시고 약속해 주셨다. 더 나아가 기도해야겠다는 마음과 기도하면 들어주신다는 믿음을 주셔서 기도할 수 있게 되는 것이다.

기도는 내가 원하는 소원보다 하나님이 더 원하신다. 우리의 마음을 두드리시는 하나님이 음성을 듣고 마음 문을 열기만 하면 주님이 우리 안에 들어와 우리와 교제하시고 마음껏 역사하셔서 하나님의 뜻을 이루신다.

기도는 영적인 호흡이다. 호흡은 멈출 수 없고 계속되어야 하는 것처럼 기도도 내가 필요할 때만 하는 것이 아니라 쉬지 말고 기도를 해야 한다. 기도를 멈추어서는 안 된다. 기도는 사람의 필요를 채우는 것이라고 이해했다면 나의 필요가 만족 되면 기도하지 않고 멈출 것이다. 급하고 어려울 때만 하나님을 찾지 말고 늘 깨어 있어 쉬지 말고 주님과 교제할 수 있기를 원한다.

호흡하는 것은 어렵지 않고 자연스러운 것이다. 기도가 어렵다고 선입견을 품는 것은 마귀의 유혹이다. 기도는 모세가 하나님과 친구와 이야기한 것처럼 우리도 하나님과 쉽게 대화하는 것이 좋다. 대화는 서로 주고받는 것이다. 우리의 기도가 하나님과 대화하지 않고 일방적으로 호소하는 것이라면 대화가 아니고 오해나 갈등이 생긴다. 기도할 때 하나님의 음성에 귀를 기울여야 영적인 소통이 일어난다. 하나님이 말씀하실 때 거부하지 않고 마음 문을 닫거나 영적으로 잠들어 있지 않고 깨어 있기를 원한다.

기도는 모든 문제를 해결하는 능력이 된다. 호텔이나 콘도의 문을 열려면 열쇠가 있어야 한다. 열쇠가 없으면 문을 열 수 없다. 하지만 카운터에는 마스터키가 있어 모든 문을 열 수 있다. 자물쇠가 아무리 무겁고 단단해도 열쇠가 있으면 문제가 되지 않는다.

하나님은 우리에게 예수 이름으로 기도하여 하늘 문을 열 수 있는 마스터키를 주셨다. 하나님의 선물인 기도의 영적인 열쇠를 사용하여 풍성한 은혜와 문제 해결의 복을 누리기를 소망한다.

승리의
중보기도

YouTube 에서
설교 동영상을
보실 수 있습니다

"모세가 손을 들면 이스라엘이 이기고 손을 내리면 아말렉이 이기더니 모세의 팔이 피곤하매 그들이 돌을 가져다가 모세의 아래에 놓아 그가 그 위에 앉게 하고 아론과 훌이 한 사람은 이쪽에서, 한 사람은 저쪽에서 모세의 손을 붙들어 올렸더니 그 손이 해가 지도록 내려오지 아니한지라"(출 17:11~12).

이스라엘 백성들이 르비딤에 도착했을 때 아말렉 군대가 쳐들어온다. 아말렉은 에서의 손자로서 하나님을 의지하지 않고 자신의 힘을 의지하는 오만하고 교만한 자들이다. 땀 흘려 살지 않고 광야를 지나는 여행객의 물건을 빼앗고 사람들을 노예로 팔아넘기고 죽이는 사막의 도적 떼요, 강도들이다. 이들은 계획적이고 의도적으로 기습공격을 한다. 이스라엘 백성들은 출애굽 이후 전쟁을 처음 해보는 상황이었다.

모세는 어떤 전략으로 승리를 이끌었을까? 모세는 위기의 순간에 여호수아를 전면에 세우고 역할을 분담하고 있다. 모세가 위임한 리더십으로 여호수아가 훌륭한 지도자로 준비되고 있는 것이다.

모세는 하나님의 지팡이를 손에 잡고 산꼭대기에 올라가 기도한다. 여호수아를 응원해주고 지지해주며 축복하기 위하여 하나님의 도움을 요청하는 기도를 드리고 있다.

교회는 그리스도의 몸이다. 직분과 역할, 은사는 다르지만 그리스도의 몸을 세우기 위해 서로 협력하고 섬김이 필요하다. 배구에서 리시브, 토스, 스파이크가 있듯이, 찬양대에 소프라노와 앨토, 테너와 베이스가 있어 조화를 이루듯이 팀워크가 좋아야 한다.

모세는 사람이 최선을 다해 노력해야 하지만 하나님이 개입하시면 승리할 수 있다는 것을 알고 있다. 모세가 하나님의 지팡이를 손에 잡았다는 것은 하나님을 의지하는 것이다. 기도할 때 모세의 지팡이는 하나님의 지팡이가 된다. 우리에게는 예수 그리스도의 이름이 있고 십자가가 있기에 붙들고 나가면 하나님이 역사하실 것이다.

모세는 산꼭대기에 올라가서 기도한다. 성경은 전쟁의 승패를 산에서 기도하는 것으로 결정하고 있다. 산은 하나님을 간절히 찾고 매달리는 장소다. 뿐만 아니라 보이지 않는 영의 세계가 있고 모세가 없어도 전쟁에서 승리하는 것을 보여주기 위해 산에 올라가 기도한다. 전쟁은 하나님께 속한 것이기에 하나님 때문에 승리하는 것이다.

부모들은 자녀들에게 부모가 없으면 큰일 날 것 같지만 자녀는 하나님의 소유이기에 하나님께 맡겨야 하나님이 인도하시고 역사하신다. 교회도 내가 없으면 안 된다고 하는 것은 교만한 생각이다. 하나님이 일하셔야 한다. 내가 일하면 내가 일할 뿐이지만, 내가 기도하면 하나님이 일하신다.

산에서 기도하면 위에 있기에 하나님의 시선으로 문제를 바라볼 수 있다. 땅에서는 아무것도 보이지 않는다. 문제 속에 있으면 문제만 보이고 기도하면 하나님이 커 보이기에 문제가 작아 보인다. 하나님이 크게 보이면 문제는 더 이상 문제가 되지 않는다. 하나님이 기뻐하시는 뜻이 무엇인가 생각할 수 있다.

모세가 전쟁 중에 기도하는 것은 하나님을 믿기 때문이다. 출애굽과 홍해사건, 만나와 메추라기, 반석에서 물을 내셨던 하나님을 경험했기에 하나님의 승리로 가득했다. 모세는 전적으로 하나님을 신뢰하고 있기에 기도할 수 있는 것이다. 위기가 와도 하나님이 일하신다는 믿음의 확신이 있었다.

모세가 손을 들면 이스라엘이 이기고 손을 내리면 아말렉이 이긴다. 모세는 강하고 위대한 지도자 같지만 연약한 사람이다. 지칠 때도, 외로울 때도, 힘들 때도, 감당이 안 될 때도, 버거울 때도 있다. 하나님의 능력은 한계가 없지만 모세는 힘들다. 그래서 하나님은 동역자를 붙여주신다. 아론은 모세의 형이고 83세, 훌은 누나의 남편이기에 90세는 되었을 것 같다. 세 명의 나이를 합치면 250세가 넘는 시니어 중보기도 팀이다. 나이가 많아도 기도의 용사가 될 수 있다. 합심하여 기도하면 주님이 함께하시고 응답하신다.

우리는 기도에 빚진 자들이다. 누군가의 기도 덕분에 여기까지 왔다. 우리도 누군가를 위해 기도해야 한다. 모세의 손은 기도할 때 하나님이 함께하시고 도우시는 손이 된다. 손을 든다는 것은 하나님을 높이고 의지하는 표현이다. 하나님께 항복하는 것이며 도움을 청하는 것이다.

기도의 손이 가정과 교회에 있으면 승리하고 살아난다. 성도의 기도는 매우 중요하다. 마귀가 두려워 떠는 사람은 하나님께 무릎 꿇고 기도하는 사람이다. 우리의 쉬지 않는 기도가 이 나라와 민족과 교회와 가정을 살린다. 우리의 두 손을 높이 들고 하나님을 부르자.

사랑의
중보기도

YouTube 에서
설교 동영상을
보실 수 있습니다

"아브라함이 가까이 나아가 이르되 주께서 의인을 악인과 함께 멸하려 하시나이까 그 성 중에 의인 오십 명이 있을지라도 주께서 그 곳을 멸하시고 그 오십 의인을 위하여 용서하지 아니하시리이까 주께서 이같이 하사 의인을 악인과 함께 죽이심은 부당하오며 의인과 악인을 같이 하심도 부당하니이다 세상을 심판하시는 이가 정의를 행하실 것이 아니니이까 여호와께서 이르시되 내가 만일 소돔 성읍 가운데에서 의인 오십 명을 찾으면 그들을 위하여 온 지역을 용서하리라"(창 18:23~26).

하나님과 교제하는 것은 이 세상에서 가장 행복한 일이고 영광스러운 사건이다.

하나님과 친밀하고 신뢰 관계가 쌓이면 속마음을 나눌 수 있게 된다. 나는 이 풍성한 하나님과의 교제를 거리낌 없는 사이가 되어 누리고 있는가 아니면 하나님과 교제가 깨어졌거나 형식적이고 겉치레로 만나는 어색한 관계인가?

성경에 보면 아브라함을 '하나님의 벗'이라 말씀하신다(사 41:8, 약 2:23). 그래서 하나님은 아브라함에게 하나님의 계획을 숨기지 않고 알려 주시고 있다. 예수님은 우리를 친구라고 하시며 하나님께 들은 것을 성경을 통해 우리에게 알려 주신다(요 15:15).

하나님은 아브라함에게 소돔과 고모라의 부르짖음이 크고 죄악이 심히 무겁다고 말씀하신다. 다른 사람을 억울하게 하고 상처를 입히거나 폭력이나 폭언, 물질에 손해를 끼쳐 고통스럽게 하면 상처받는 사람들이 아파하고 슬퍼하며, 신음하고 고통받는 소리를 하나님이 들으신다는 것이다(창 4:10, 신 24:15).

이때 아브라함의 마음은 견딜 수 없었다. 왜냐하면 그곳에 사랑하는 조카 롯이 있었기 때문이다. 롯은 아브라함의 마음을 아프게 한 적도 있었지만, 아브라함은 롯을 포기하지 않고 끝까지 사랑한다. 기도의 가장 큰 힘과 근거는 사랑이고 우리는 사랑하는 만큼 간절하게 기도하게 된다. 롯이 사는 소돔을 향해 가시는 하나님 앞에 아브라함은 막아서며 간절히 기도하고 호소한다.

소돔 땅이 죄로 인해 심판받는 것은 마땅하지만 의인이 있다면 함께 멸하시면 안 된다고 하나님의 공의에 호소하고 있다. 50명, 45명, 40명, 30명, 20명, 10명까지 6번이나 아브라함은 수치스럽고 부끄러워도 계속 기도를 반복하며 요청했다. 이것이 믿음이고 사랑의 중보기도이다. 하나님이 다 들어주셨고 롯과 두 딸을 구원해 주셨다.

마치 우리는 롯처럼 예수님을 마음 아프게 하고 내 마음대로 살아가는데 예수님은 연약하고 부족한 우리를 포기하지 않으시고 끝까지 사랑하셔서 구원하셨다. 예수님은 지금도 하나님 우편에서 우리를 위해 간구하시며 성령님도 우리 안에서 연약함을 도우며 친히 간구하고 계신다. 우리는 주님의 기도와 누군가의 사랑의 기도 덕분에 여기까지 있게 된 것이다.

하나님은 사랑의 중보기도를 하는 한 사람을 찾고 계신다. 얕은 사랑, 형식적인 기도가 아닌 아브라함처럼 목숨 걸고 한 사람을 위해 뜨거운 사랑의 마음을 가진 사람을 하나님이 귀히 보신다.

우리가 살아가는 이 시대도 명목상 그리스도인이 아닌 예수님을 구주와 주인으로 모시고 24시간 교제하고 동행하는 하나님의 사람을 찾기가 쉽지 않은 것 같다. 사랑의 중보기도를 하는 사람이 영혼을 살리고 도시와 민족을 살린다. 하나님이 찾으시는 그 한 사람이 우리가 되기를 기도한다.

염려를
기도로 바꾸라

YouTube 에서
설교 동영상을
보실 수 있습니다

"아무것도 염려하지 말고 다만 모든 일에 기도와 간구로, 너희 구할 것을 감사함으로 하나님께 아뢰라 그리하면 모든 지각에 뛰어난 하나님의 평강이 그리스도 예수 안에서 너희 마음과 생각을 지키시리라"(빌 4:6~7).

기독교 포털 갓피플은 성경 앱 사용자 65만 명을 대상으로 2021년 한 해 동안 성경 중에 밑줄을 가장 많이 친 구절을 선정했다. 빌립보서 4장 6절 말씀이 5년 연속 1위에 올랐다.

"아무것도 염려하지 말고 다만 모든 일에 기도와 간구로 너희 구할 것을 감사함으로 하나님께 아뢰라"(빌 4:6).

사람들은 건강이나 자녀, 사업과 물질, 자신의 미래 등, 눈에 보이는 현상에 대해 많은 염려를 하고 있다. 성경은 무엇을 먹을까 무엇을 입을까 세상 염려로 영혼이 둔해지는 것을 엄중히 경고하고 있다. 세상 염려가 사람들에게 얼마나 나쁜 영향을 미치고 우리에게 유익이 없으며 문제해결에 도움이 되지도 않는지 염려하므로 그 키를 한 자도 더 할 수 없다고 말씀하신다.

믿음의 반대는 염려라고 할 수 있다. 믿음이 존재하는 곳에 염려는 사라지고, 염려가 존재하는 곳에 믿음이 약화되고 제한된다. 염려는 윤리적인 죄는 아니지만, 하나님과의 관계를 깨뜨리는 영적인 죄다. 하나님은 아버지가 되시기에 자녀 된 우리를 버려두지 아니하고 돌보시며 책임지신다. 이것을 믿지 못하면 불안하고 염려하게 된다. 염려는 하나님을 의심하는 것이고 전적으로 하나님을 신뢰하지 못하는 상태이다.

"가시떨기에 뿌려졌다는 것은 말씀을 들으나 세상의 염려와 재물의 유혹에 말씀이 막혀 결실하지 못하는 자요"(마 13:22). 염려가 가득한 사람은 말씀을 들어도 염려가 가로막기에 열매 맺지 못한다. 염려는 하나님께 집중하지 못하게 해 온전한 예배나 헌신을 하지 못하도록 하는 마귀의 전략이다.

이미 지나간 일들에 대해 후회하거나 결정된 것과 아직 다가오지 않는 미래에 대해서도 미리 염려할 필요가 없다. 인생의 주관자가 되시는 선하신 하나님을 믿고 기도하며 주어진 지금의 시간과 환경에서 최선을 다하면 되는 것이다.

세상을 사노라면 염려가 없을 수는 없지만, 그때마다 기도하라는 주님의 음성으로 받고 염려를 기도로 바꾸는 것이다. 염려는 자신과 환경을 변화시킬 수 없다. 하지만 하나님께 인생의 답이 있기에 기도하면 하나님이 역사하시고 어떤 것이든 변화시킬 수 있다.

기도는 문제보다 크신 전능하신 하나님을 바라보고 맡기는 것이며 염려는 자신이 해결해 보려는 내가 주인 된 인생이다. 사람은 해결할 힘과 능력이 없기에 염려는 어리석은 것이다. 그리스도인의 특징은 염려하지 않는 것이며 기도하는 사람이다.

태산 같은 인생의 문제가 염려로 짓누를지라도 하나님의 주권을 인정하고 기도로 맡기면 두려움이 감사로 변하고 주님의 평강이 우리 영혼을 감싸주신다. 이로 말미암아 우리는 세상의 혹독한 고난 속에서도 넉넉히 이겨나갈 힘을 공급받는다. 이것이 그리스도인의 능력이다.

염려가 있을 때 기도하면 성령님께서 염려를 감사로 바꾸어 주신다. 감사는 하나님의 주권을 인정하는 것이며 하나님께서 선하게 인도하실 것을 믿는 것이다. 염려가 가득하면 두려움과 불안이 있지만 감사하면 평강과 기쁨이 가득한 하나님 나라가 임한다.

성경은 분명히 염려하지 말 것을 거듭거듭 명령하고 있다. 하나님과 교제하는 기도의 사람으로 자신을 주님 앞에 세우고 모든 문제를 기도로 넉넉히 이기며 행복을 누리고 나누는 한 분 한 분 되시길 축복한다.

닫힌 것을
여는 기도

YouTube 에서
설교 동영상을
보실 수 있습니다

"이에 베드로는 옥에 갇혔고 교회는 그를 위하여 간절히 하나님께 기도하더라 헤롯이 잡아 내려고 하는 그 전날 밤에 베드로가 두 군인 틈에서 두 쇠사슬에 매여 누워 자는데 파수꾼들이 문 밖에서 옥을 지키더니 홀연히 주의 사자가 나타나매 옥중에 광채가 빛나며 또 베드로의 옆구리를 쳐 깨워 이르되 급히 일어나라 하니 쇠사슬이 그 손에서 벗어지더라"(행 12:5~7).

창고나 사무실, 엘리베이터에 갇혀 본 경험이 있다면, 긴장되며 답답하고 두려움과 공포심이 몰려옴을 느꼈을 것이다. 육체뿐만 아니라 마음과 정신도 갇혀있을 때가 있다. 일이 잘 안 풀릴 때나 과거의 좋지 않은 상처나 경험으로 묶여 사는 분들이 있다. 하나님께서 고난을 이길 힘을 주셨는데, 그것은 기도를 통해 이겨 나갈 수 있다. 하나님이 살아계시기 때문이다.

헤롯 왕은 초대교회 지도자 야고보를 죽였고, 베드로도 죽이려고 계획하고 있었다. 베드로가 풀려나는 것은 불가능한 상태였다. 군인들이 4명씩 4교대로 지키고 있었고 잠을 자는 것도 군인들 틈 사이에서 잤고, 쇠사슬에 묶여있고, 밖에도 지키고 있었다. 하지만 하나님께서 천사를 보내셔서 쇠사슬을 풀어 주시고 철문으로 된 옥문이 열려 교회로 돌아올 수 있었다.

어떻게 이런 기적이 일어날 수 있었을까? 그것은 교회가 함께 모여 기도했기 때문이다. 위기나 어려움이 오면 원망하거나 절망하기 쉽지만, 그것은 문제 해결이 아니다. 사람 의지하거나 세상 방법을 사용하지 않고 하나님께 기도하는 것이다. 기도는 위기를 극복할 수 있는 하나님이 주신 축복의 도구다. 교회는 기도의 능력을 경험하는 곳이고 성도는 기도의 능력을 경험하는 사람이다.

교회는 만민이 기도하는 집이다. 온 성도들이 함께 모여 같은 마음으로 같은 기도 제목을 가지고 기도하는 것은 중요하다. 가정에서도 위기가 왔을 때 서로 기도 제목을 나누고 기도할 때 묶인 것이 풀어지는 역사를 경험할 수 있다.

교회는 나를 위한 기도가 아닌 피해나 희생을 각오하고 서로를 위한 사랑의 중보기도를 드렸던 것이다. 서로의 아픔을 위해 기도할 때 하나님께서 기뻐하시고 역사하신다. 사랑의 기도는 능력의 기도이고 최고의 기도다. 사랑의 기도보다 더 강력한 기도는 없다. 사랑이 회복과 치유를 가능케 한다. 사랑의 마음이 없는 형식적인 기도는 효과도, 소용도 없다. 능력의 기도는 은사가 아니라 사랑이다.

교회는 포기하지 않고 응답받을 때까지 절박한 심정으로 간절히 하나님께 기도한다. 간절한 기도는 기도 제목에 생사가 달린 것처럼 기도하는 것이다. 이것이 닫힌 것을 열고 묶인 것을 푸는 응답받는 비결이다.

기도의 문이 열리면 인생의 문이 열리고, 기도의 문이 닫히면 인생의 문이 닫힌다. 고난은 실패가 아니다. 위기가 와도 하나님이 끝났다고 말씀하시기 전까지는 끝난 것이 아니다. 하나님은 정확한 타이밍에 역사하신다. 기도를 통해 응답을 경험하는 기도의 주인공이 되길 기대한다.

기도로
회복하라

YouTube 에서
설교 동영상을
보실 수 있습니다

"예수께서 성전에 들어가사 성전 안에서 매매하는 모든 사람들을 내쫓으시며 돈 바꾸는 사람들의 상과 비둘기 파는 사람들의 의자를 둘러 엎으시고 그들에게 이르시되 기록된 바 내 집은 기도하는 집이라 일컬음을 받으리라 하였거늘 너희는 강도의 소굴을 만드는도다 하시니라"(마 21:12~13).

이 땅의 교회는 온전하지 않고 문제가 많아서 실망을 안겨주기도 한다. 목사와 성도가 변화되지 못하고 미성숙하여 상처 주는 일들이 많다. 그래서 어떤 사람은 하나님을 믿지만 교회에 가지 않는다. 그럼에도 불구하고 하나님이 정하신 영적인 원리는 우리가 교회 공동체 안에 있을 때 영적인 생명을 유지할 수 있게 된다.

교회는 영적으로 병들거나 변질되면 그 안에 속해 있는 성도들조차 병들고 고통을 받게 된다. 교회는 건강하고 생명력 있는 곳이 되어야 성도들도 승리할 수 있게 된다.

예수님은 사랑이 많으시고 온유하시며 선하신 분이신데 성전에 들어가서 매매하는 모든 사람을 내쫓으시며 돈 바꾸는 사람들의 상과 비둘기파는 사람들의 의자를 둘러 엎는, 불같이 의분을 내시는 장면이 나온다. 그것은 당시 성전이 병들고 변질되어 성전이 가져야 할 영적인 생명력을 잃어버렸기 때문이다.

성전이 세상의 욕심으로 오염되어 썩은 냄새가 진동하였다. 성전이 돈 벌기 위해 몰려왔던 장사꾼들로 가득했고 제사장들은 타락하여 이권 챙기기에 급급한 강도의 소굴을 만든 것이다.

예수님은 성전이 만민이 기도하는 집이라는 사실을 분명하게 알려주셨다. 솔로몬은 성전을 건축하고 봉헌하면서 하나님의 백성들이 범죄하여 징계와 어려움을 당해도 회개하는 마음으로 언제든지 주의 성전에 달려와 기도하면 하나님은 그 기도를 들으시고 용서하시며 회복시켜 주신다고 기도하고 있다.

교회는 건물이 아니라 예수님을 모시고 사는 우리가 교회다. 교회의 본질은 기도이고, 우리가 가지고 있는 모든 능력의 원천은 기도다. 건강하고 살아있는 교회는 기도가 건강하고 살아있는 교회이고, 건강하지 못하고 병든 성도는 기도가 병든 것이다. 그러므로 교회와 성도는 기도가 살아있고 건강해야 한다.

오늘날 교회의 모습도 강도의 소굴이 되어 고개를 들 수 없을 정도로 부끄러운 상황이다. 병들고 변질되어 힘을 잃어버린 교회가 다시 건강한 교회가 되어 교회의 본질을 회복하기 위해 기도로 나가야 한다. 하나님은 우리의 기도와 함께 일하시고 역사하시는 분이시다.

함께
기도함의
축복

YouTube 에서
설교 동영상을
보실 수 있습니다

"진실로 다시 너희에게 이르노니 너희 중의 두 사람이 땅에서 합심하여 무엇이든지 구하면 하늘에 계신 내 아버지께서 그들을 위하여 이루게 하시리라 두세 사람이 내 이름으로 모인 곳에는 나도 그들 중에 있느니라"(마 18:19~20).

　기도는 골방에서 혼자 할 수 있지만 함께 할 수도 있다. 예수님은 대부분 홀로 개인 기도도 늘 하셨지만, 때로는 큰 사명을 앞두고 사랑하는 제자들과 연합하여 변화산이나 겟세마네 동산에서 함께 기도하셨다. 사람은 혼자 기도하다가 연약하여 쉽게 중단할 때도 있지만 함께 기도할 때 서로 도와주고 붙잡아 주면서 지속적으로 할 수 있다.

　기도를 스스로 처음부터 잘하는 사람은 없고 누군가로부터 보고 배운다. 기도하는 사람의 모습을 보기도 하고 기도의 내용이나 형태도 본받는다. 손을 모으는 것과 손드는 모습, 기도할 때 무릎을 꿇거나 눈을 감는 등, 여러 가지 모습을 본받기도 한다.

　함께 기도할 때 시너지 효과가 나타난다. 모닥불의 장작이 하나 있거나 장작을 흩어 놓으면 불이 오래 가지 못하지만 여러 장작을 모아두면 불은 오랫동안 타오른다. 또 말 한 마리가 끌 수 있는 무게는 2t이지만 말 두 마리가 끌 수 있는 무게는 무려 24t이라고 한다. 함께 만들어내는 현상을 시너지 효과라고 한다.

　부모와 자녀들이 한 가족임에도 불구하고 모두 바쁘고 분주하기에 서로 대화 없이 개인주의로 흘러가고 있다. 하지만 부모와 자녀가 함께 기도할 수 있다면 사랑과 신뢰가 풍성할 것이고 어떤 어려움도 이겨낼 수 있다. 교회도 성도들에게 기도를 부탁하지 않고, 다른 성도를 위해 기도하지 않는다면 사랑이 식어지고 공동체 의식이 약화된다.

　사람은 홀로 존재할 수 없고 함께 하는 존재로 지음받았다. 함께 하는 것이 창조 목적대로 사는 것이다. 예수님은 두 사람이 땅에서 합심하여 무엇이든지 구하면 하나님께서 들으시고 그들을 위하여 이루어 주신다고 말씀하셨다.

　이스라엘 백성과 아말렉이 전쟁할 때 여호수아를 전면에 세우고 모세는 아론과 훌과 함께 산꼭대기에 올라가서 기도하기 시작한다. 모세가 손을 들면 이스라엘이 이기고 손을 내리면 아말렉이 이기고 있었다. 모세는 위대한 지도자였지만 피곤할 수 있고 아론과 훌은 모세보다 믿음과 지도력에서 부족한 사람일 수 있으나 함께 할 때 승리할 수 있었다.

오순절 성령 강림은 TV나 게임, 회의나 먹고 즐길 때 임한 것이 아니다. 주의 약속의 말씀을 붙잡고 마음을 같이하여 함께 모여 기도할 때 역사한 것이다. 함께 기도하는 것은 성령 충만이 이루어지는 통로가 되고 하나님의 일하심을 볼 수 있는 축복이 된다.

예수님의
이름으로
기도하라

YouTube 에서
설교 동영상을
보실 수 있습니다

"내가 진실로 진실로 너희에게 이르노니 나를 믿는 자는 내가 하는 일을 그도 할 것이요 또한 그보다 큰 일도 하리니 이는 내가 아버지께로 감이라 너희가 내 이름으로 무엇을 구하든지 내가 행하리니 이는 아버지로 하여금 아들로 말미암아 영광을 받으시게 하려 함이라 내 이름으로 무엇이든지 내게 구하면 내가 행하리라"(요 14:12~14).

하나님께 기도하면 응답받는 특권이 우리에게 있다. 이것이 얼마나 큰 축복인가! 내 힘으로 해결할 수 없는 문제를 하나님은 얼마든지 해결하실 수 있는 전능하신 분이시다. 성경은 무엇이든지 구하면 예수님께서 행하신다고 말씀하신다. 그러나 우리는 이 말씀을 오해하면 안 된다.

어린 자녀가 부모에게 오토바이나 자동차를 사달라 하거나 상상할 수 없는 돈을 요구하면 자녀를 사랑하기에 무조건 다 원하는 대로 사주고 허락하는 부모는 없다. 하나님도 우리가 구한다고 무조건 다 주시는 것은 아니다.

우리가 무엇이든지 구하면 응답하신다는 것에는 전제 조건이 있다. 그것은 '내 이름으로'이다. 예수님의 이름으로 구할 때 하나님은 행하신다. 이것은 우리가 하나님께 기도할 때는 예수님의 공로를 의지하여 기도하는 것을 의미한다. 사람이 노력이나 선행, 공로나 지위로 하나님 앞에 나가거나 구할 수 없다. 하나님은 인간의 조건 때문에 응답하시는 것이 아니다.

하나님이 응답하시는 기도의 근거는 나의 열정이나 내 기도의 유창함이 아니다. 기도의 길이나 나의 절박한 상황이 기도의 근거가 아니라 기도의 근거와 목적은 예수님이다. 기도의 목적은 나의 욕심이나 소원이 아니라 예수님의 영광과 목적과 뜻을 이루기 위해 기도하는 것이다.

또 내가 원하는 대로 기도해놓고 맨 마지막에 예수 이름만 거론하여 기도한다는 뜻이 아니다. 예수님의 이름으로 기도한다는 것은 기도가 끝나는 표시가 아니다. 예수 이름으로 기도하는 것을 흉내 내어 사용한다고 기도에 응답이 있는 것이 아니다. 예수님의 이름은 아무나 사용하는 마법 주문이 아니다.

예수님의 이름으로 기도한다는 것은 기도의 우선순위가 예수님이라는 것이다. 예수님의 이름으로 하는 기도를 기도 제목 뒤에 넣지 말고 앞에 놓을 때 우선순위가 달라진다. 내 뜻과 계획을 하나님이 들어달라는 것이 기도가 아니다. 하나님의 뜻과 목적에 내가 순종하게 해 달라는 기도다.

'예수님의 이름으로'라고 말만 하라는 뜻이 아니라 우리가 기도할 때 기도의 근거와 목적, 우선순위가 예수님께 있음을 기억하면서 기도해야 바른 기도이고 응답받는 기도를 드리는 것이다. 기도의 시작과 진행, 마지막도 예수님의 이름이라는 사실을 잊지 말고 기도해야 한다.

기회를
놓치지 않는
믿음

YouTube 에서
설교 동영상을
보실 수 있습니다

"예수께서 말씀하여 이르시되 네게 무엇을 하여 주기를 원하느냐 맹인이 이르되 선생님이여 보기를 원하나이다 예수께서 이르시되 가라 네 믿음이 너를 구원하였느니라 하시니 그가 곧 보게 되어 예수를 길에서 따르니라"(막 10:51~52).

성경에 나오는 디매오의 아들은 태어날 때부터 앞을 보지 못하는 시각장애인이며 가난하여 길가에 앉아 구걸해서 먹고 사는 거지였다. 바디매오는 '디매오의 아들'이라는 뜻이다. 바디매오는 예수님의 소식을 들었으며 만나고 싶었고 회복에 대한 작은 기대와 믿음이 생겨나기 시작했다.

바디매오는 예수님이 자선 사업가 이상의 분임을 알고 있었고 근본적인 문제를 해결해 줄 수 있는 분이라는 사실을 믿고 있었다. 예수님이 이 마을로 오시면 요청할 것을 마음먹었고 기도하며 기다리고 있었다. 그는 예수님이 여리고를 지나가신다는 소식을 듣고 기회를 놓칠 수 없어 소리를 지르기 시작했다.

성공하는 사람의 특징은 자신에게 오는 기회를 붙잡는 사람이고 실패하는 사람의 특징은 기회를 놓친다는 것이다. 기회가 주어지는데도 불구하고 기회가 없었다고 불평을 늘어놓는다. 하나님은 기도하면서 기다리는 사람에게 반드시 기회를 주시고 그 사람은 기회를 놓치지 않는다.

바디매오에게 찾아온 기회는 처음이자 마지막이었다. 예수님은 공생애 사역을 마치고 이제 예루살렘으로 입성하여 십자가를 지시는 사건이 바로 앞에 있었다. 예수님은 여리고를 지나시면서 자신을 간절히 찾는 바디매오를 그냥 지나칠 수 없어 그 소리를 들으셨고 만나주셨으며 그를 고쳐주셨다.

우리는 내일 일을 알 수 없기에 오늘 어떤 분에게는 주님을 만날 마지막 기회일 수 있다. 오늘이 마지막 기회라고 생각하고 간절하게 주님을 찾으면 하나님께서 반드시 만나주시고 은혜를 베풀어 주신다. 지금은 은혜받을 만한 때요 구원의 날이기에 은혜를 놓치면 은혜를 못 누리게 된다.

3장 구하라, 찾으라, 두드리라

하지만 은혜의 기회는 장애물이나 방해요소와 같은 어려움이 찾아 올 수 있다. 바디매오는 주님 만나고 싶어 소리를 지르는데 많은 사람이 도와주지 않고 도리어 잠잠하라고 꾸짖는다. 바디매오가 얼마나 마음이 아프고 서러웠을까! 하지만 그는 사람과 다투지 않고 포기하지 않으며 더욱 크게 소리를 지른다. 만약 포기했다면 주님을 만날 수도 고침을 받을 수도 없었을 것이다.

우리도 기도의 결단을 많이 하지만 환경과 방해요소 때문에, 결심이 흐트러져 포기할 때가 있다. 우리는 기억해야 한다. 하나님이 기뻐하시는 것이 기도이며 사탄이 싫어하는 것이 기도. 사탄은 기도를 못하게 만들고 중단하도록 유혹한다. 기도하지 않으면 하나님 중심으로 살지 못하고 인간 중심으로 살 수 밖에 없다. 결국 기도하는 것은 사탄과 영적 전쟁을 하는 것이다.

바디매오는 부족한 것 많이 있었지만, 하나님이 주신 마음과 들을 수 있는 귀와 부르짖을 수 있는 입이 있었기에 포기하지 않았다. 하나님은 없는 것을 요구하지 않고 있는 것을 통해 역사하시는 분이시다.

영과 진리로
예배할 지니라

우리도 광야 같은 세상에서 승리하려면 하나님 만나는 회막이 있어야 한다. 왜냐하면, 사역은 내 힘으로 하는 것이 아닌 하나님의 힘으로 하는 것이기 때문이다. 영적인 습관, 거룩한 습관은 중요하다. 무엇보다 우선순위로 하나님과 교제하는 시간을 가져야 한다.

경건은 균형입니다

YouTube 에서
설교 동영상을
보실 수 있습니다

"가이사랴에 고넬료라 하는 사람이 있으니 이달리야 부대라 하는 군대의 백부장이라 그가 경건하여 온 집안과 더불어 하나님을 경외하며 백성을 많이 구제하고 하나님께 항상 기도하더니"(행 10:1~2).

경건이란 무엇일까? 사람이 생각하는 경건과 하나님이 생각하시는 경건은 다르다. 사람들은 겉모습을 보고 경건하다고 말하지만 하나님은 경건의 능력을 귀히 보신다.

육체의 연단도 약간의 유익은 있지만 경건은 범사에 유익하니 금생과 내생에 약속이 있다고 말씀하셨기에 우리는 경건에 이르도록 자신을 연단하고 훈련해야 한다. 경건은 하나님께 기도하는 모습과 이웃을 향해 구제하는 모습으로 나타난다.

기도는 시험에 들지 않고 경건하게 살 수 있는 근거가 된다. 무슨 일을 하든지 주님께 묻고 주님을 늘 의식하고 교제하며 생활하는 것이다. 기도는 언제나 어디서든지 할 수 있기 때문이다. 하나님은 성도들의 기도를 귀하게 여기시기에 천사들이 금대접에 기도를 담아 하나님께 올린다고 말씀한다.

구제는 하나님의 사랑과 긍휼을 받은 사람이 이웃을 향해 자비를 베푸는 것이다. 하나님의 은혜로 구원받았기에 이기주의가 아닌 선을 행하며 사는 것이다.

하나님은 기도와 구제를 경건이라고 말씀한다. 기도와 구제는 하나님이 기뻐하시고 받으시기에 우리는 기도와 구제를 하다가 낙심하지 말아야 한다. 남들이 알아주지 않는다고 해도 포기하지 말아야 한다.

경건은 신앙과 삶이 균형을 이루는 것이다. 어떤 이들은 기도를 많이 하는데 이웃 사랑에는 인색한 분들이 있고, 또 어떤 이들은 이웃을 잘 섬기는데 기도를 안 하는 분들이 있다.

말로만 하는 것이 아닌 삶이 있는 기도를 하나님은 받으신다. 이웃 사랑도 기도하다 보면 하나님께서 누구를, 어떻게 섬길 것을 알려 주실 것이다.

경건의 핵심은 하나님을 사랑하는 것과 이웃을 사랑하는 것이다. 우리는 하나님과 이웃을 향해 무엇을 할 수 있는지 기도하고 고민하면서 실천해 보면 어떨까?

네, 주님 그렇게 하겠습니다

YouTube 에서
설교 동영상을
보실 수 있습니다

"하늘이 열리며 한 그릇이 내려오는 것을 보니 큰 보자기 같고 네 귀를 매어 땅에 드리웠더라 그 안에는 땅에 있는 각종 네 발 가진 짐승과 기는 것과 공중에 나는 것들이 있더라 또 소리가 있으되 베드로야 일어나 잡아먹어라 하거늘 베드로가 이르되 주여 그럴 수 없나이다 속되고 깨끗하지 아니한 것을 내가 결코 먹지 아니하였나이다 한대 또 두 번째 소리가 있으되 하나님께서 깨끗하게 하신 것을 네가 속되다 하지 말라 하더라"(행 10:11~15).

베드로는 시장했지만 제 육시, 기도시간이 되어 욥바에 사는 무두장이 시몬의 집 지붕에 올라가 기도한다. 기도하는 가운데 환상을 보게 되고 하나님의 음성을 듣게 된다.

하늘이 열리고 한 그릇이 내려오는데 그 안에는 유대인들이 전통적으로 부정하게 생각하는 율법에서 먹지 말라는 짐승들로 가득하였다. 베드로가 알고 있는 지식과 경험, 편견으로 주님이 잡아먹으라는 말씀을 거부한다. 하나님께서 깨끗하게 하신 것을 네가 속되다고 하지 말라고 하신다. 이런 일이 세 번 있은 후 그릇이 하늘로 올라간다.

하나님의 사람은 내가 알고 있고, 하고 싶은 일을 하는 것이 아니라 하나님이 하라고 하신 일을 하는 사람이다. 나는 내일 일도 알지 못하지만, 하나님은 나를 잘 알기에 이해할 수 없는 상황 속에서도 주님의 말씀을 따라야 한다. 우리의 고정관념과 편견, 전통에 매여 있는 자기 확신은 위험할 수 있다. 주님의 뜻과 말씀을 거역할 수 있기 때문이다.

유대인들은 하나님께서 자기 민족만 구별하여 택했다고 생각해 구원은 유대인들에게만 임하고 이방인들을 할례받지도 않은 백성들이기에 하나님의 백성이 될 수 없다고 생각했다. 그래서 예루살렘과 온 유대와 사마리아까지는 전도했지만 이방인에게는 복음을 전하지 않았다. 유대인들의 편견은 결국 땅끝 세계 선교를 막고 있었던 것이다.

하나님은 이방인들을 거절하지 말고 복음을 전하라고 말씀한다. 그들도 사랑의 대상이며 구원의 대상이라는 것이다. 구원은 조건과 자격으로 이루어지는 것이 아니라 전적으로 하나님의 은혜로 말미암아 예수 그리스도를 믿음으로 이루어지는 것이다.

베드로가 고민하고 있을 때 하나님께서는 고넬료가 보낸 사람들은 하나님 자신이 보낸 자들이라고 하시며 함께 가이사랴로 가라고 말씀하신다. 하나님은 모든 것을 예비하시며 섭리하시고 이루어가고 계신다.

베드로는 환상의 내용을 깨닫게 되고 자기의 의를 내려놓고 하나님의 뜻을 따라간다. 전통과 습관, 지식과 경험을 절대화해서는 안 된다. 삶의 기준은 내가 아니라 하나님의 말씀이 우선이다.

사람이나 사건을 바라볼 때 사람의 눈이 아닌 하나님의 시선으로 바라보아야 한다. 하나님이 그를 어떻게 보며, 그 상황을 어떻게 보시는지를 생각하고 바라보아야 한다.

내 뜻과 하나님의 뜻이 부딪힐 때 우리는 갈등한다. 내 뜻을 내려놓지 않으면 하나님의 뜻을 가로막게 된다. 나의 주인은 내가 아니라 하나님이 주인이다. 하나님이 나의 삶을 가장 아름답고 선하게 인도하신다는 사실을 믿고 주님께 맡기고 기대하며 이렇게 대답해야 한다.

"네, 주님 그렇게 하겠습니다."

복음과 성령으로 살리라

YouTube 에서
설교 동영상을
보실 수 있습니다

"베드로가 이 말을 할 때에 성령이 말씀 듣는 모든 사람에게 내려오시니 베드로와 함께 온 할례 받은 신자들이 이방인들에게도 성령 부어 주심으로 말미암아 놀라니 이는 방언을 말하며 하나님 높임을 들음이러라"(행 10:44~46).

베드로가 고넬료의 가정에서 전한 말씀의 핵심은 예수 그리스도이다. 사람은 죄로 인해 하나님의 원수와 진노의 자녀였지만 하나님께서 독생자 예수 그리스도를 화목제물로 보내주셨기에 그를 믿는 자마다 하나님과 화목할 수 있는 은혜를 입었다.

복음의 핵심은 예수 그리스도의 십자가의 죽으심과 부활이다. 이것을 놓치면 다 놓치는 것이다. 예수 그리스도의 이름에 구원이 있고 회복이 있으며 기도 응답이 있다. 시대가 변해도 복음의 본질은 바뀌지 않으며 복음에는 능력이 있다.

하나님이 예수님에게 성령과 능력을 기름 붓듯 하심으로 예수님은 두루 다니시며 선한 일을 행하시고 마귀에게 눌린 모든 자를 고쳐 주셨다. 많은 이들이 마귀에게 눌려서 영향을 받고 있으며 지배를 당하고 있다. 마귀에게 눌려 있으면 하나님을 기쁘시게 할 수 없으며 내 뜻대로 살고 욕심대로 살아간다. 기쁨과 감사, 자유가 없으며 염려와 두려움에 사로잡히게 된다. 하지만 예수님께서 오셔서 마귀에게 묶인 자를 자유케 하시고 회복시켜 주셨다. 우리도 예수님의 이름과 성령 충만으로 승리할 수 있다.

우리는 예수님이 행하신 모든 일에 증인이다. 복음을 경험하여 하나님과 화목을 이룬 사람은 마땅히 이 복음을 전하는 사명자요, 증인이 되어야 한다. 우리는 화목하게 하는 직분을 받은 사람이다. 복음을 전할 때 내가 살고 다른 사람이 사는 은혜가 있다.

베드로가 말씀을 전할 때 성령이 말씀 듣는 모든 사람에게 임했다. 세상일 할 때가 아니라 선명하고도 분명한 원색적인 복음을 전할 때 성령께서 역사하신 것이다. 하나님의 말씀은 성령의 감동으로 기록되었기에 성령은 언제나 말씀과 함께 역사하고, 말씀은 언제나 성령과 함께 역사한다. 말씀은 성령과 분리될 수 없다.

성령의 역사는 준비된 자에게 거절하지 않으시고 하나님의 말씀을 '아멘'으로 받고 기도와 사모하는 자에게 충만하게 임하신다.

고넬료의 가정에 성령께서 임하시니 모인 사람들이 방언으로 하나님 높임을 고백하고 있다. 마음에 주님의 은혜가 임하니 언어의 변화가 일어난 것이다. 육신의 말이 아닌 성령님께서 인도하신 대로 말을 하게 되고 하나님의 큰일을 선포하며 찬양과 감사, 시와 노래로 주님께 영광을 돌리게 된다. 성령 받은 사람은 하나님과 사람을 모욕하거나 저주하지 않으며, 하나님을 자랑하고 사람을 축복하는 언어를 사용한다.

주님을 만나 성령을 경험했으니 고넬료와 친척, 친구들은 세례를 받게 된다. 물세례는 예수 믿을 때 받는 성령세례를 경험한 사람이라면 누구든지 받을 수 있다.

고넬료는 베드로가 며칠 더 머물기를 원했다. 그는 예수님을 만나고 성령을 경험했으니 이제는 주님을 더 알고 싶었다. 하나님의 말씀을 더 듣고 싶고 배우는 싶은 열망이 커졌고 어떻게 사는 것이 하나님 기뻐하시는 삶인지 양육 받고 훈련받고 싶어 했다. 주님의 은혜를 경험하면 변화와 성숙이 나타나게 되고 주님을 더 사랑하게 되며 결국 주님을 닮게 된다.

고통 중에
회복을
경험하라

YouTube 에서
설교 동영상을
보실 수 있습니다

"우리가 일어나 벧엘로 올라가자 내 환난 날에 내게 응답하시며 내가 가는 길에서 나와 함께 하신 하나님께 내가 거기서 제단을 쌓으려 하노라 하매 그들이 자기 손에 있는 모든 이방 신상들과 자기 귀에 있는 귀고리들을 야곱에게 주는지라 야곱이 그것들을 세겜 근처 상수리나무 아래에 묻고 그들이 떠났으나 하나님이 그 사면 고을들로 크게 두려워하게 하셨으므로 야곱의 아들들을 추격하는 자가 없었더라"(창 35:3~5).

개인이나 가정, 어떤 공동체도 겉으로 보기에는 아무런 문제가 없는 것처럼 보이지만 조금 더 가까이에서 들여다보면 아픔이 없는 사람이 없다.

야곱은 가나안을 떠나 하란에서 20년을 살았다. 하나님의 말씀을 듣고 돌아와 숙곳에서 살다가 다시 옮겨 세겜에서 10년을 넘게 살았다. 야곱은 그곳에서 땅을 사고 집을 짓고 아무런 문제 없이 잘살고 있었다. 세겜은 살기에 좋은 조건을 가진 땅이며 화려하고 풍요로운 도시다. 하지만 세겜은 하나님을 경외하지 않는 세속적인 도시이고 영적으로 타락한 도시다.

야곱의 종착지는 세겜이 아니다. 그러나 야곱은 세겜에서 세상과 타협하며 안주하고 적당히 살았다. 영적으로는 얍복 강에서 하나님을 만난 후 숙곳과 세겜에서 10년 이상 살면서 하나님의 이름을 부르고 예배하는 교제가 없었다. 야곱과 가족들은 영적 무기력에 빠져 있었다. 야곱은 하나님의 은혜와 약속은 모두 잊어버렸다. 그는 세겜에서 머무는 동안에 가정에 큰 아픔과 위기, 고통을 당하게 된다.

딸 디나가 세겜의 딸들을 보러 나갔다가 세겜에 의해 성폭행을 당하게 된다. 아들들은 분노하여 세겜의 남자들이 할례를 받고 있을 때 그들을 죽이고 세겜 성읍에 들어가 노략한다. 이 일로 야곱의 가족들은 세겜 주변 사람들의 공격과 보복을 당할까 봐 두려워한다. 아내들과 자녀들, 모든 재산을 빼앗길 큰 위기에 있었다. 가장 비참하고 막막한 최악의 상황을 만나게 된 것이다.

야곱은 그동안 하나님을 찾지 않고 잊고 살았지만 하나님은 야곱을 잊지 않고 다시 찾아와 말씀하셨다. 아무리 큰 고통 중에 있어도 하나님을 만나고 말씀을 들으면 회복될 수 있다. 가장 중요한 것은 하나님과 나와의 관계다.

하나님은 야곱에게 일어나 벧엘로 올라가 거주하고 예배를 드리라고 말씀하신다. 야곱의 가족이 거주할 땅은 살기 좋은 세겜이 아니라 벧엘이라는 것이다. 내가 살고 싶은 곳이 아닌 하나님이 원하시는 곳에서 살아야 한다. 벧엘은 야곱이 하나님을 인격적으로 만난 곳이고 언약을 맺은 곳이며 서원한 곳이다. 그동안 예배가 무너진 야곱에게 예배를 드리라고 하나님이 직접 말씀하셨다. 야곱이 하나님께 약속을 지키게 함으로 하나님과 야곱이 다시 언약의 관계를 유지하고 은혜 베푸시기를 원하셨다.

야곱은 하나님의 말씀을 듣고 가족 모두가 회복되기를 바라며 결단한다. 이방 신상들을 버리라는 것이다. 야곱의 가족 중에도 우상의 형상이 새겨진 귀고리들, 라헬의 드라빔 등, 이방 신상들이 많았던 것이다. 야곱은 그것을 알고 있으면서 그동안 침묵하고 있었다. 하나님께 예배드리면서 우상을 품고 있는 것은 혼합주의이고 모순되는 것이기에 영적인 결단을 촉구한다. 가족들은 모든 우상을 땅에 묻는다. 이제 하나님만 의지하겠다는 결단이다.

그리고 자신을 정결케 하라고 한다. 자신이나 가정을 무너뜨리는 것은 다른 사람이 아닌 바로 자기 자신이다. 나 자신 먼저 회개하여 거룩하고 깨끗하게 되기를 원하신다. 회개할 때 회복이 가능하다.

너희들의 의복을 바꾸어 입으라고 한다. 세겜에서의 세속의 옷, 죄악의 옷, 옛 습관을 벗어버리고, 그리스도 안에서의 새사람, 하나님 말씀 중심의 삶을 살라는 것이다.

야곱과 가족이 하나님 앞에 바로 서고 말씀에 순종할 때 하나님이 그 사면의 고을들로부터 크게 두려워하게 하여 공격하지 못하도록 하셨다. 조금 전만 해도 보복을 당할까 봐 야곱이 두려웠었는데, 하나님의 보호를 받을 수 있게 되었다.

야곱은 벧엘에 도착하여 30여 년 만에 그곳에서 흩어진 돌들을 모아 다시 하나님께 감격적인 예배를 드린다. 그리고 그곳 이름을 '엘벧엘'이라 부른다. '하나님의 집에 거하시는 하나님'이라는 뜻이다. 하나님의 집에 하나님이 계시지 않으면 결코 하나님의 집이 될 수 없다. 하나님의 임재가 있는 삶이 되어야 한다.

하나님은 야곱에게 다시 복을 주시고 야곱으로 살았던 삶을 '이스라엘'로 다시 불러 주셨다. 생육하고 번성하여 민족을 이룰 것이고, 후손들 가운데 왕들이 나올 것이고, 이 땅을 야곱과 후손들에게 줄 것이라고 약속하셨다.

하나님과 친밀한 교제

YouTube 에서
설교 동영상을
보실 수 있습니다

"사람이 자기의 친구와 이야기함 같이 여호와께서는 모세와 대면하여 말씀하시며 모세는 진으로 돌아오나 눈의 아들 젊은 수종자 여호수아는 회막을 떠나지 아니하니라"(출 33:11).

모세는 광야에서 어려움과 고난을 어떻게 이겨낼 수 있었으며, 이스라엘 백성들을 인도할 수 있었을까? 모세는 하나님을 만나는 장막, 곧 '회막'을 만들어 항상 하나님께 나아갔기 때문이다. 모세가 회막에 나가는 것은 삶의 우선순위였으며 거룩한 습관이었다.

우리도 광야 같은 세상에서 승리하려면 하나님 만나는 회막이 있어야 한다. 왜냐하면, 사역은 내 힘으로 하는 것이 아닌 하나님의 힘으로 하는 것이기 때문이다. 영적인 습관, 거룩한 습관은 중요하다. 무엇보다 우선순위로 하나님과 교제하는 시간을 가져야 한다.

예수님은 아무리 바쁘셔도 새벽 한적한 곳으로 나가셔서 하나님과 교제하셨다. 다니엘은 어려움 속에서도 하루 세 번씩 기도하는 습관을 놓치지 않았다.

회막에는 모세뿐만 아니라 이스라엘 백성 중에 하나님을 사모하고 간절히 찾는 자, 앙모(仰慕)하는 자도 나아갔다. 회막은 지도자의 전유물이 아니다. 하나님께 물어볼 일이 있으면 누구든지 회막으로 나아갔다.

물론 앙모하지도 않고 회막에 나아가지도 아니하고 관망하는 자들도 있었다. 하나님의 은혜는 관망하는 자에게는 임하지 않는다.

회막에 진정한 쉼과 안식, 회복과 재충전이 있다. 인생의 광야 속에서도 회막에 나아갈 수만 있다면 그 어떤 것도 넉넉히 이겨나갈 것이다.

모세가 회막에 들어갈 때 구름기둥이 임한다. 구름기둥은 하나님의 임재를 의미한다. 하나님께서 모세를 만나주시고 기도를 받아 주시며 은혜를 베푸신다는 증표다.

회막은 천막이기에 볼품이 없고 초라하며 아름답거나 화려하지도 않다. 하지만 이곳에 하나님의 영광과 임재가 가득하다. 환경과 겉모습과 상관없이 하나님을 앙모하는 자들의 마음을 주님이 받으시고 역사해 주시는 것이다.

하나님의 임재가 있어야 교회이고 예배다. 만약 하나님의 임재가 없다면 더 이상 교회와 예배가 될 수 없다. 우리의 교회와 예배가 인간의 소리가 가득한 냉기가 흐르는 모임이 아닌 하나님의 임재가 가득한 모임이 되어야 한다.

하나님은 회막에서 모세와 말씀하셨다. 사람이 자기의 친구와 이야기함과 같이 하나님은 모세와 대면하여 말씀하신다. 하나님과 모세가 얼마나 친했으면 이렇게 대화할까? 하나님과 친밀함이 관건이다. 그냥 아는 정도의 형식적인 친구가 아닌 나의 속마음도 털어놓을 수 있는 친밀한 친구의 관계가 되어야 한다.

우리는 하나님과 깊은 교제를 나누고 있는가? 아무리 바빠도 하나님과 교제하는 일은 가장 중요하다. 이것을 놓치면 결국 믿음은 떨어지고 후회하는 날이 올 것이다.

세상이 모든 것을 다 소유한다고 할지라도 하나님과 친밀한 교제가 없으면 그것은 위기다. 하나님 없이 출세하는 것은 행복도, 성공도 아니다. 하나님과 친밀함이 최고의 복이며, 우리의 삶을 지탱해 주는 승리의 비결이다.

하나님과 친밀한 교제 없이 사역하면 기쁨과 감사가 없고 쉽게 지치고 시험 들기 쉽다. 우리가 지치고 낙담하는 이유는 일이 힘들어서가 아니라 하나님과 친밀함을 경험하지 못해서이다. 하나님과 친밀하면 하나님께서 우리의 삶을 책임져 주신다.

하나님께서 예배와 선교를 회복시킨다

YouTube 에서
설교 동영상을
보실 수 있습니다

"그 날에 내가 다윗의 무너진 장막을 일으키고 그것들의 틈을 막으며 그 허물어진 것을 일으켜서 옛적과 같이 세우고 그들이 에돔의 남은 자와 내 이름으로 일컫는 만국을 기업으로 얻게 하리라 이 일을 행하시는 여호와의 말씀이니라"(암 9:11~12).

다윗은 왕이 되자마자 오벧에돔에 있던 언약궤를 예루살렘으로 옮겨 장막 안에 두고 번제와 화목제를 드린다. 언약궤가 들어오는 날 다윗은 미갈이 조롱하고 업신여겨도 하나님 앞에서 힘을 다해 춤을 춘다. 또 사람들을 세워 하나님을 칭송하고 감사하며 찬송 부르고 비파와 수금을 타고 제금을 치며 나팔을 불게 한다.

만약 다윗이 여기 있다면 어떻게 예배드릴까?

수백 년이 지나서 아모스가 성령의 감동으로 하나님이 다윗의 무너진 장막을 일으키시겠다고 예언한다. 이것은 형식이나 모양만 있는 예배가 아닌 다윗처럼 하나님의 임재를 경험하는 성령 충만한 예배를 회복하는 것이다. 죄로 인해 하나님과 벌어진 틈을 예수 그리스도의 보혈로 막고, 삶에 허물어진 것은 일으켜서 옛적과 같이 회복하시겠다고 한다.

또 하나님께서 에돔의 남은 자와 내 이름으로 일컫는 만국을 기업으로 얻게 하신다고 말씀한다. 우리를 괴롭히고 원수 같은 나라도 구원하신다는 하나님의 의지가 있다. 1907년 장대현교회에서 평양 대부흥 운동의 역사가 일어난 것처럼, 다시 부흥의 역사가 일어나 북한의 교회들이 재건되어 예배하는 그 날을 주신다는 것이다.

더 나아가 세계 모든 나라에 선교사를 파송하여 열방이 주께 돌아와 주님을 찬양하고 예배드리는 영광스러운 모습이 있을 것이다. 이것이 하나님의 꿈이고 계획이며, 우리를 먼저 부르신 목적이다. 그러므로 예배와 선교는 같이 간다. 예배 없는 선교는 존재하지 않고 선교 없는 예배도 무의미하다.

기업으로 얻게 한다는 원어인 '야레쉬'는 이스라엘이 가나안 일곱 족속을 쫓아내고 정복했듯이 먼저 있던 자를 쫓아내어 차지한다는 의미가 있다. 하나님의 임재가 있는 예배와 찬양을 드릴 때 하나님께서 역사하신다는 것이다.

교회뿐만 아니라 개인이나 가정에서도 예배드릴 때 어둠의 세력들은 떠날 것이고 하나님의 나라가 임한다. 예배는 하나님께서 영광 받으실 뿐만 아니라 우리에게 은혜가 임하는 것이다.

다윗이 수금을 탈 때 사울에게 악신이 떠나갔듯이 바울과 실라가 옥중에서 찬양과 기도를 드릴 때 옥토가 흔들리고 옥문이 열리며 착고가 풀어지는 역사가 있었다. 찬양은 하나님이 받으시고 영적인 무기도 되는 것이다.

하나님께 드리는 최고의 예배는 하나님의 임재가 충만한 예배다.

예수님이 기대하시는 교회

YouTube 에서
설교 동영상을
보실 수 있습니다

"시몬 베드로가 대답하여 이르되 주는 그리스도시요 살아 계신 하나님의 아들이시니이다 예수께서 대답하여 이르시되 바요나 시몬아 네가 복이 있도다 이를 네게 알게 한 이는 혈육이 아니요 하늘에 계신 내 아버지시니라 또 내가 네게 이르노니 너는 베드로라 내가 이 반석 위에 내 교회를 세우리니 음부의 권세가 이기지 못하리라"(마 16:16~18).

예수님은 제자들과 대화하는 가운데 사람들이 인자를 누구라 하느냐고 물으셨다. 예수님에 대한 사람들의 생각은 다양하여 여러 대답이 나왔다. 사람들의 대답은 좋은 평가였지만 정답은 아니었다.

예수님은 두 번째 같은 질문을 사람들이 아닌 제자들에게 하셨다. 이때 베드로는 '주는 그리스도'라고 백 점짜리 대답을 했다. 신앙고백을 분명하게 하는 사람이 성도이고, 이 고백이 있는 곳이 교회다.

그리스도라는 말은 '메시야'로 '기름 부음을 받은 자'라는 뜻이다. 하나님이 사람을 구원하기 위해 독생자 예수 그리스도를 보내주시어 기름을 부어 구별하여 세우신 구원자라는 것이다

이 고백을 우리와 자녀들이 해야 한다. 그렇지 않으면 진짜 그리스도인이 아닌 종교인에 불과하다. 성도가 되는 과정은 학벌이나 재물, 명예에 있지 않고 예수님을 나의 구주로 온전히 믿고 고백하는 것이다.

자녀가 태어나 아빠, 엄마라고 부르면 행복한 것처럼, 예수님은 베드로의 신앙고백을 들으시고 너무 기뻐하셔서 축복하셨다. 예수님을 구원자로 믿고 고백하는 것은 사람의 힘으로 되는 것이 아니라 하나님 아버지의 특별한 은총이라고 말씀하셨다.

예수님은 신앙고백 위에 교회를 세우시겠다고 말씀하신다. 교회는 건물이나 조직 이상의 것이다. 교회 주인은 어떤 사람도 아니고 오직 예수님이시다. 교회가 갈등하고 분쟁하는 이유는 교회의 주인이 예수님이신데 사람이 교회 주인이라고 생각하기 때문이다. 예수님이 교회를 가장 잘 아시고 사랑하신다.

예수님이 교회를 붙들고 있기 때문에 음부의 권세가 이기지 못한다고 말씀하신다. 음부의 권세는 대문을 의미한다. 주님의 교회는 지옥의 대문을 부순다는 것이다. 이것이 교회와 성도의 사명이다. 이 세상에서 지옥문을 부서뜨릴 수 있는 권세는 교회밖에 없다. 교회의 사명은 지옥의 대문을 부수고 그 속에 있는 백성들을 끄집어내는 것이다. 교회가 싸울 대상은 사람이 아니고 사탄의 권세고 교회는 하나님 나라를 확장시키는 영적인 전투 부대인 것이다.

말씀과 **기도**가
해답입니다

다음 세대를 세우라

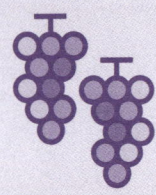

예수님은 어릴 때 키가 자라면서 신체적인 성장이 있었다.
예수님은 열두 살 때 나사렛에서 예루살렘까지 일 년에 세 번씩
왕복하며 걸으셨다. 우리의 몸은 하나님이 거하시는 성전이다.
몸을 상하는 것을 취하지 말고 하나님의 영광의 도구로 쓰임 받고
하나님 뜻대로 살아가야 한다.

아이들을 사랑하고 축복하라

YouTube 에서
설교 동영상을
보실 수 있습니다

"내가 진실로 너희에게 이르노니 누구든지 하나님의 나라를 어린 아이와 같이 받들지 않는 자는 결단코 그 곳에 들어가지 못하리라 하시고 그 어린 아이들을 안고 그들 위에 안수하시고 축복하시니라"(막 10:15~16).

예나 지금이나 사람들은 예수님의 만져주심을 바라고 어린아이들을 데리고 온다. 어떤 부모는 세상이 추구하는 성공의 자리로 데리고 간다. 최고의 부모는 자녀들을 예수님께 데리고 오는 것이며, 하나님의 말씀을 배울 수 있는 곳으로 인도하는 것이다.

제자들은 이런 모습을 보고 예수님의 사역에 방해가 된다고 생각하고, 또 예수님이 당연히 기뻐하실 줄 알고 부모들과 아이들을 꾸짖는다. 제자들은 아이들에 대한 이해를 전혀 하지 못하고 있고 무엇이 중요한지 분별하지 못한 것이다.

우리도 자칫 잘못하면 예수님께 다가오는 아이들을 막을 때가 있다. 키와 나이가 적고 연약하며 무능하게 보여 무시하는 순간 우리는 예수님의 구원 사역을 가로막는 것이다. 언어나 행동으로 폭력을 사용하는 것도 아이들을 학대하는 것이다.

예수님께서는 이런 제자들의 모습을 보시고 노하셨다. 이것으로 아이들에 대한 예수님의 사랑과 관심의 열정을 엿볼 수 있다. 야단맞을 대상은 아이들이 아니라 제자들이다. 왜 아이들이 예수님께 오는 것을 막느냐? 왜 아이들을 인격체로 보지 않느냐? 아이들을 용납하고 금하지 말라는 예수님의 애정이 담겨 있다.

예수님이 자녀들을 만져주시면 역사가 일어난다. 항상 찬양과 말씀, 기도와 사랑의 교제를 통해 예수님의 터치가 경험되길 기도한다. 아이들은 구원의 대상자이며, 사랑과 축복의 대상자이다. 자녀들은 짐이 아니고 하나님의 보물이며, 자녀들 덕분에 큰 기쁨과 축복을 누리고 있다.

예수님은 아이들과 눈높이를 맞추며 다정한 모습으로 안아주셨다. 그리고 사랑을 담아 안수하며 축복하셨다. 우리는 제자들처럼 아이들을 막거나 무시하는 무지한 죄를 범하지 말아야 한다. 예수님처럼 아이들을 사랑하며 축복하라. 아이들은 예수님의 사랑과 기도를 받으면 반드시 변화되고 회복된다. 더디 오는 결과 때문에 좌절하거나 포기하지 말고 끝까지 나에게 맡겨주신 어린 영혼들을 위해 두 손을 들고 축복하자.

다음 세대에게 하나님의 말씀을 가르치라

YouTube 에서 설교 동영상을 보실 수 있습니다

"이스라엘아 들으라 우리 하나님 여호와는 오직 유일한 여호와이시니 너는 마음을 다하고 뜻을 다하고 힘을 다하여 네 하나님 여호와를 사랑하라 오늘 내가 네게 명하는 이 말씀을 너는 마음에 새기고 네 자녀에게 부지런히 가르치며 집에 앉았을 때에든지 길을 갈 때에든지 누워 있을 때에든지 일어날 때에든지 이 말씀을 강론할 것이며 너는 또 그것을 네 손목에 매어 기호를 삼으며 네 미간에 붙여 표로 삼고 또 네 집 문설주와 바깥 문에 기록할지니라"(신 6:4~9).

예수 그리스도의 복음을 전파하는 선교전략에는 크게 두 가지가 있다. 하나는 수평적인 선교이고 또 하나는 수직적인 선교다. 수평적인 선교란 국내외 할 것 없이 예수 믿지 않는 사람들에게 복음을 전하는 것이다. 수직적인 선교란 자녀들과 다음 세대를 말씀으로 양육하는 것이다. 다음 세대를 세우는 일은 옆에 있는 사람을 전도하는 것만큼 중요하다.

보통 전도는 언어와 문화가 같은 곳에서 복음을 전하는 것이고, 선교는 언어와 문화가 다른 곳에서 복음을 전하는 것이다. 그렇게 보면 해외뿐만 아니라 다음 세대도 분명 선교지이다. 요즘 다음 세대는 언어와 문화가 기성세대와 많이 다른 것을 느낀다.

하나님은 영원하신 분이시다. 알파와 오메가 되시고 처음과 나중 되시기에 기성세대와 다음 세대를 통해서도 영광을 받으셔야 한다. 우리 세대 은혜가 다음 세대에게 축복으로 흘러가야 하고 다음 세대가 우리 세대보다 더 큰 믿음의 세대가 되어야 한다.

유대인들이 가장 소중히 여기는 말씀은 신명기 6장이다. 세계 인구의 0.25%밖에 되지 않지만, 노벨상 받은 사람 중 30%를 유대인들이 받았고 지금도 세계의 모든 분야에 큰 영향을 끼치고 있다. 이들은 하루에 두 번씩 신명기 6장을 읽고 암송하고 말씀대로 살려고 애쓰고 있다. 쉐마교육은 부모가 자녀들과 함께 하는 가정교육이고 철저히 하나님을 사랑하는 신앙교육이다.

먼저는 하나님의 말씀을 반드시 들어야 한다. 말씀을 듣는 것이 선택 사항이 되어서는 안 된다. 우리는 말씀을 들으면 살고, 듣지 않으면 죽는다. 하나님만이 유일신이라는 것을 들어야 한다. 하나님은 여러 우상 중 하나가 아니다. 이 세상의 모든 신은 사람이 만든 것이지만 하나님은 스스로 계신 분이시며 창조주와 구원자이다.

우리는 하나님을 마음과 뜻과 힘을 다하여 사랑해야 한다. 전인적인 삶으로 하나님을 사랑해야 한다. 우리가 하나님을 사랑하지 않고 다른 것을 사랑하면 영적 간음하는 것이요, 우상을 섬기는 것이다. 먼저 부모가 자녀에게 가르치기 전에 말씀을 마음에 새겨야 한다. 이것은 본을 보이고 모범을 보이는 것을 의미한다. 부모가 하나님을 사랑하는 것을 자녀들이 볼 수 있도록 영향을 끼쳐야 한다.

부모는 자녀에게 부지런히 하나님의 말씀을 가르쳐야 한다. 말과 삶, 생각 속에 하나님의 말씀이 기억되도록 해야 한다. 그래야 믿음으로 성장할 수 있다. 우리와 다음 세대가 24시간 하나님과 동행하여 성경적 가치관으로 세워지는 참된 그리스도인이 되기를 기대하고 소망한다.

여호와를 사랑하는 자는 행함이 필요한데, 그 기초는 하나님의 뜻을 제대로 알고 지키는 것이다. 그러기 위해서는 하나님의 말씀을 읽고, 마음에 두고 자녀에게 가르치고 계속해서 이어져야 한다.

하나님을 존중하는 자와 멸시하는 자

YouTube 에서
설교 동영상을
보실 수 있습니다

"나를 존중히 여기는 자를 내가 존중히 여기고 나를 멸시하는 자를 내가 경멸하리라"(삼상 2:30).

어린이 주일을 맞이해 사무엘과 홉니와 비느하스에 대해 말씀을 나눈다. 이 세상에는 두 종류의 사람이 있다. 하나님께 쓰임 받는 사람과 버림받는 사람이 있다. 같은 환경에서 자랐지만 달라도 너무 다르다.

홉니와 비느하스는 엘리 제사장의 아들들이었지만 하나님을 관계나 경험적으로 알지 못했다. 그러니 그들의 행실이 나쁠 수밖에 없었다. 애굽의 바로 왕은 하나님을 알지 못해 이스라엘 백성들을 애굽에서 내보지 않고 도리어 하나님의 일을 방해한다. 모세와 여호수아 그 후에 일어난 다른 세대는 하나님을 알지 못해 우상을 섬기고 여호와의 목전에서 악을 행했다.

홉니와 비느하스의 죄가 심히 큰 것은 하나님께 드리는 예배를 멸시했기 때문이다. 예배에 대한 소중성을 모르기에 기대감이나 감동이 전혀 없다. 예배는 어릴 때부터 다른 어떤 것과 양보할 수 없는 것이다. 부모들도 자녀의 예배 생활을 소홀하게 해서는 안 된다. 시험이나 학원이 예배만큼 중요하지는 않다. 우리의 심장과 같은 예배가 무너지면 모든 것이 무너진다.

홉니와 비느하스는 요셉처럼 하나님 앞에서 살아가지 않았기에 쉽게 죄를 짓고 성적인 타락, 도덕적인 타락이 일어났다. 하나님을 존중하거나 두려워하지 않았기에 삶이 무너지고 윤리가 무너진 것이다. 이들은 부모의 말씀도 듣지 않고 고집대로 살아간다. 누구의 말도 거부하고 자기 방식대로 살아간다.

사무엘은 홉니와 비느하스와 함께 있었지만 환경의 지배를 받지 않고 하나님 앞에서 섬기고 아름답게 자라간다. 예수님의 어린 시절의 모습은 키와 지혜가 자라가셨고 하나님과 사람에게 더욱 사랑스러워 가신 것처럼 사무엘은 하나님과 사람들에게 은총을 더욱 받았다. 우리도 영적, 사회적, 신체적, 정신적으로 균형 있게 성장해야 한다.

하나님께서 사무엘과 함께하셔서 그의 말이 하나도 땅에 떨어지지 않는 은혜가 있었다. 그가 말씀을 전하고 기도하면 그대로 이루어진다는 것이다. 사무엘은 이스라엘의 마지막 사사가 되었으며 선지자, 제사장의 역할을 감당했다. 사울 왕과 다윗 왕을 기름 부은 선지자가 되었고, 하나님께서 사무엘을 단에서부터 브엘세바까지 사용하셨다.

어떻게 이런 결과가 나올 수 있는가? 그것은 하나님을 존중히 여기는 자를 하나님이 존중히 여긴다고 말씀하고 하나님을 멸시하는 자를 하나님이 경멸하겠다고 말씀하신다. 인생의 성패는 하나님의 손에 달려있다. 우리 자녀들과 다음 세대가 하나님을 존중하고 경외함으로 예수님과 사무엘처럼 하나님 앞에서 자라가기를 기도한다.

예수님처럼 균형 있게 자라가라

YouTube 에서
설교 동영상을
보실 수 있습니다

"예수는 지혜와 키가 자라가며 하나님과 사람에게 더욱 사랑스러워 가시더라"(눅 2:52).

성경에는 믿음의 어린이들이 나온다. 아벨, 요셉, 사무엘, 다윗, 다니엘, 나아만 장군을 인도한 아이, 오병이어를 드린 아이, 로데 등, 많은 어린이 이야기 중에 예수님의 어린 시절 이야기가 성경에 나온다.

우리와 우리 자녀들이 예수님을 모델로 삼고 닮아갈 수 있다면 세상을 변화시키는 아름다운 리더로 성장할 수 있다.

예수님의 부모는 유월절을 맞아 열두 살이 된 예수님과 함께 예루살렘에 올라가 절기를 지키고 내려가는 길에 예수님이 보이지 않는다는 것을 깨달았다. 그들은 사흘 후에나 예수님을 성전에서 만난다.

성경에 나오는 예수님의 첫 고백은 하나님을 '내 아버지'로 고백하고 있다. 예수님은 어릴 때 하나님은 누구시며 나는 누구인지 정확히 아는 자신의 정체성을 밝히고 있다. 무엇보다도 하나님과 나와의 관계가 가장 중요하다. 그래야 신앙이 흔들리지 않고 바르게 살 수 있다.

우리 자녀들이 부모님 앞에서 하나님은 나의 아버지라고 고백할 수 있어야 하고, 이 고백을 할 수 있도록 도와야 한다. 자녀는 하나님의 소유이고 자녀의 주인은 하나님이시다.

예수님은 또 하나님께 예배드리는 성전을 '아버지의 집'이라고 고백했다. 하나님은 무소부재하셔서 어디든지 계시지만 하나님은 공적으로 예배드리는 곳을 특별히 거룩한 곳으로 두고 하나님의 임재가 가득하기를 원하신다. 예수님은 성전을 만민이 기도하는 집이기에 강도의 소굴로 만드는 것을 아주 싫어하신다.

우리 자녀들이 평생 주님의 몸 된 교회를 아끼고 사랑하기를 바라고 교회에서 하나님께 예배드리며 하나님의 은혜를 많이 받고 자라기를 바란다.

예수님은 어릴 때 하나님 아버지와 육신의 부모에게 순종하여 받드셨다. 순종은 어릴 때 배우지 못하면 불순종으로 거역하게 되어 나중에 커서 순종하기 어렵게 된다.

예수님은 어릴 때 지혜가 자라면서 지적인, 정신적인 성장이 있었다. 예수님은 열두 살 때 예루살렘 성전에서 성경학자들인 랍비들과 대화하면서 그들이 예수님의 지혜와 대답에 놀랍게 여겼다고 한다.

사람이 몸은 커지는데 정신이 따라가지 못하면 '성인 아이'라고 부른다.

하나님을 경외하는 것이 지혜의 근본이다. 지혜가 부족하면 하나님께 구하면 주신다고 하였기에 하나님의 말씀과 기도로 하나님의 지혜를 얻을 수 있다.

예수님은 어릴 때 키가 자라면서 신체적인 성장이 있었다. 예수님은 열두 살 때 나사렛에서 예루살렘까지 일 년에 세 번씩 왕복하며 걸으셨다. 우리의 몸은 하나님이 거하시는 성전이다. 몸을 상하는 것을 취하지 말고 하나님의 영광의 도구로 쓰임 받고 하나님 뜻대로 살아가야 한다.

예수님은 어릴 때 하나님께 사랑받으며 하나님의 은혜가 머무는 영적인 성장이 있었다. 예수님은 하나님의 은혜에 대한 사모함과 갈급함이 있었기에 기도를 통해 하나님의 은혜를 경험했다. 우리도 우리 연약함을 깨닫고 내 생각과 지식을 의지하기보다 늘 하나님의 도우심을 구하며 살아야 한다.

예수님은 어릴 때 사람들의 관계 속에서 사랑받으며 사회적인 성장이 있었다. 예수님은 아버지 요셉과 더불어 목수의 일을 감당했고, 사회적인 책임을 다하며 살았다.

믿음이 좋다는 것은 하나님과의 관계뿐만 아니라 사람들과의 관계도 좋아야 한다. 자녀들이 성실과 전문성을 고루 갖추어 사회에서 적응하여 영향을 끼치는 좋은 일꾼이 되어야 한다.

예수님은 지혜와 키가 자랐고 하나님과 사람에게도 사랑받으며 균형 있게 성장했다. 건강은 균형에 있다. 개인이나 교회는 균형 있게 성장해야 바르게 성장할 수 있다.

우리가 바르게 성장하면 세상에 선한 영향을 나누어 세상을 변화시킬 수 있다. 이 땅의 모든 성도와 자녀들이 예수님처럼 점점 균형 있게 성장하는 은혜가 있기를 기도한다.

온전한
다음 세대를
꿈꾼다

YouTube 에서
설교 동영상을
보실 수 있습니다

"우리가 그를 전파하여 각 사람을 권하고 모든 지혜로 각 사람을 가르침은 각 사람을 그리스도 안에서 완전한 자로 세우려 함이니 이를 위하여 나도 내 속에서 능력으로 역사하시는 이의 역사를 따라 힘을 다하여 수고하노라"(골 1:28~29).

많은 사역 가운데 힘든 사역 중 하나가 다음 세대를 섬기는 교사의 직분이다. 모두 피하고 싶고 어려워하는 직분이기에 몇 번이고 그만두고 싶은 분들도 계실 것이다. 많은 시간을 투자해야 하며, 사역의 대상이 있어 자신만 잘해서도 되는 것이 아니고 또 투자한 만큼 열매가 금방 보이지 않기 때문이다.

성경은 선생이 많이 되지 말라고 한다. 잘못하면 자신과 다음 세대를 위험에 빠뜨릴 수 있기 때문이다. 이 말의 뜻은 그러기에 그만두라는 것이 아니라 선생을 하려면 똑바로 해야 한다는 말이다.

하나님이 이 세상의 주인이다. 하나님을 몰아내고 사람들이 자기 소견에 옳은 대로 주인 노릇 하며 살아가는 위험한 세상에서 우리뿐만 아니라 자녀들과 다음 세대들이 같이 살고 있다. 그래서 수많은 사람이 고통받으며 살고 있다.

하나님은 깨어진 세상을 회복시키기를 원하신다. 바로 '교회'를 통해 이 일을 이루시기를 원하신다. 교회가 얼마나 소중하고 영광스러운 곳인지 알아야 한다. 그리스도는 교회의 머리 되시고 교회는 그리스도의 몸이다. 하나님은 세상을 치유하고 회복하고 일하시는 통로로 교회를 사용한다.

그런데 교회가 그 역할을 감당하지 못해 세상에서 손가락질을 당하고 있다. 세상은 그리스도인의 잘못된 모습을 바라보고 교회와 하나님을 믿지 못하며 오히려 하나님께로 가는 길을 우리가 막고 있다. 너무 가슴 아픈 현실이다.

그러나 하나님은 교회를 통해 일하시는 꿈과 계획을 버리지 않는다. 하나님의 의도대로 교회가 그 역할을 감당할 수 있다면, 영광과 회복의 날들은 가능할 것이다. 우리가 이런 꿈마저 잃어버리면 안 된다.

하나님은 가정에 부모를 통해 자녀를, 교회의 교사들을 통해 다음 세대를 그리스도 안에서 성숙하게 준비시키고 세우기를 원하신다. 그러므로 부모와 교사가 얼마나 귀하고 소중한 사람들인지 알아야 한다. 교사와 부모가 잘못하면 위험한 직분이 될 수도 있고, 잘하면 영광스러운 직분이 될 수도 있다.

교사의 성숙과 다음 세대의 성숙은 비례하기에 교사가 먼저 전인격적으로 성숙해야 한다. 먼저 교사가 복음을 바로 이해하고 받아들여 분명한 구원의 확신이 있어야 다음 세대에게 바른 복음을 제시할 수 있다. 그래야 영혼과 삶의 변화가 일어난다.

교사는 하나님과의 인격적인 교제와 관계를 맺고 사는 것이 얼마나 행복한지 알고 누려야 다음 세대들도 그 모습을 보고 배워 주님과 동행할 수 있다. 교사는 하나님의 시선으로 다음 세대를 바라보아야 한다. 우리 앞에 있는 다음 세대는 다른 어떤 사람과 비교할 수 없는 하나님의 특별한 작품이다.

교사는 공동체를 소중히 여기고 세우는 자가 되어야 다음 세대가 개인주의나 이기주의에 빠지지 않고 공동체를 세우는 자가 된다. 교사는 하나님이 주신 사명을 깨닫고 다음 세대가 은사에 따라 쓰임 받도록 하나님의 영광을 위해 꿈 너머 꿈을 꾸도록 섬겨야 한다.

'무엇을' '어떻게' 가르치는 것보다 '누가' 가르치는 것이 더 중요하다. 미래는 다음 세대의 손에 달려있고 다음 세대는 교사의 손에 달려있다.

4922의 축복

YouTube 에서
설교 동영상을
보실 수 있습니다

"요셉은 무성한 가지 곧 샘 곁의 무성한 가지라 그 가지가 담을 넘었도다"(창 49:22).

우리는 비밀번호를 많이 사용한다. 비밀번호를 모르면 난감할 때가 아주 많고, 많은 혜택을 누릴 수가 없다. 여러분들과 함께 공유할 비밀번호는 4922, 창세기 49장 22절 말씀이다.

'요셉은 무성한 가지'라고 성경은 말하고 있다. 풍성한 가지, 즉 열매를 주렁주렁 맺는 가지라는 말이다. 그것의 반대는 앙상한 가지, 가냘프고 너무 불쌍한 가지다. 우리의 삶이 무성한 가지, 열매 맺는 인생이 되어야 한다.

무성한 가지가 되는 것이 어떻게 가능할까? 그것은 바로 샘 곁에 있을 때 가능하다고 성경은 말해주고 있다. 시냇가에 심은 나무가 시절을 좇아 과실을 맺으며 그 잎사귀가 마르지 아니함 같으니 그 행사가 다 형통하다고 성경은 말해주고 있다(시 1:3). 스스로는 열매를 맺을 수 없다. 샘 곁에 있을 때 하나님께 뿌리를 내리고 말씀과 성령의 뿌리를 내리며, 주님과 동행할 때 아름답고 무성한 열매를 맺을 수 있다. 요셉이 노예나 감옥에 있을 때 언제 어디서나 여호와께서 요셉과 함께했던 놀라운 사실 때문에 그의 인생은 무성한 가지로, 축복의 인생으로 살아갈 수 있었다.

그뿐만 아니라 샘 곁에 무성한 가지는 '담을 넘었도다'라고 성경은 말하고 있다. 가지가 집 안에 있으면 안 되고 담을 넘어가야 한다. 나만 잘 먹고 잘사는 이기적인 인생이 아니라 이웃에게 나눠주고 도시를 살리며 민족과 열방을 축복할 수 있는 일에 쓰임 받는 아름다운 인생이 요셉인 것처럼, 우리도 요셉과 같은 인생이 되어야 한다.

축복은 마침이 되면 안 된다. 내게 와서 종착역이 되면 안 되고 축복의 유통자가 되어야 한다. 요셉을 통하여 가족이 살았고 자녀가 살았다. 또 보디발의 집안이 살았고 감옥이 복을 받았다. 또 애굽이라는 나라가 복을 받았다.

하나님께서 우리에게 주신 놀라운 은혜가 있다. 물질도 지혜도 있고, 능력도 은사도 있다. 이것을 나만을 위해 쓰지 말고 이웃과 민족을 향해서 나눠줄 때 축복의 통로로 쓰임 받는 인생이 되는 것이다.

나누면 나눌수록 하나님이 채워주시는 것, 이것이 바로 하나님의 원리다. 우리가 누구를 도울 것인가 어떻게 나눌 것인가 고민하고 기도한다면, 하나님께서 감당할 수 있는 은혜를 주신다. 여러분의 인생이 담장을 넘는 축복의 인생으로 마음껏 쓰임 받을 수 있기를 간절히 소원한다.

부모의 마음으로 다음 세대를 살리자

YouTube 에서 설교 동영상을 보실 수 있습니다

"그 세대의 사람도 다 그 조상들에게로 돌아갔고 그 후에 일어난 다른 세대는 여호와를 알지 못하며 여호와께서 이스라엘을 위하여 행하신 일도 알지 못하였더라"(삿 2:10).

우리의 다음 세대는 너무나 소중하다. 그러나 다음 세대 못지않게 더 소중한 사람이 있다. 그 사람들은 기성세대 지도자들이고 부모들이다. 왜냐하면, 우리가 잘 준비되면 우리를 만나는 수많은 다음 세대는 희망적인 믿음의 세대가 될 수 있기 때문이다. 하지만 우리가 잘 준비되지 않은 사람이 되면 우리를 통해 다음 세대는 무너지는 세대가 되고 말 것이다.

하나님은 영원하신 분이시다. 처음과 나중 되시고 알파와 오메가 되시기에 하나님은 우리의 생애를 통해서 영광을 받으셔야 할 뿐만 아니라 우리의 다음 세대를 통해서도 영광을 받으셔야 한다.

부모님은 하나님을 잘 섬기는 직분자들인데 자녀들과 다음 세대들이 하나님을 믿지 못하고 교회를 떠나고 있다. 교회는 나오고 예배는 드리는 데 주님을 만나지 못하고 그냥 억지로 예배 참석하며 살아가는 영혼들이 얼마나 많이 있는지 모른다.

부모에게 있어서 자녀교육은 선택 사항이 아니라 필수 사항인 것처럼 교회가 다음 세대를 섬기는 것은 선택 사항이 아니다. 교회가 다음 세대를 위해 더 많이 집중하고 투자하여 우리 세대보다 다음 세대가 더 큰 부흥의 세대가 되어야 한다. 다음 세대가 믿음으로 온전하게 세워지고 하나님의 영광을 위해서 살아가기를 원한다면 교회의 구호만으로는 안 된다.

전도와 선교에는 두 종류의 방향이 있다. 한 종류는 수평적인 전도와 선교이며, 또 하나는 수직적인 선교다. 수평적인 선교는 국내외 할 것 없이 예수 믿지 않는 사람들에게 복음을 전하는 것을 의미한다. 하나님께서 성경을 통해 말씀하시는 선교의 명령을 나에게 주시는 말씀으로 받아 순종할 때 가족과 친척, 친구와 이웃, 민족과 열방이 하나님 앞에 돌아오는 역사가 있을 것이다.

언더우드나 아펜젤러 선교사는 20대에 전도의 메시지를 자신에게 주시는 말씀으로 받아 조선 땅에 와서 복음을 전하게 된 것이다. 우리 한국 땅 138년 전에는 교회가 단 한 개도 없었지만, 지금은 교회가 5만 개가 넘는 놀라운 축복의 시대가 되었다.

수직적인 선교는 자녀들과 다음 세대 영혼들을 복음과 말씀으로 양육하는 것을 의미한다. 옆에 있는 사람에게 복음을 전하는 것만큼 중요한 것은 다음 세대를 살리고 키우는 것이 매우 중요하다. 어른이 되어서 복음을 전하면 늦는다. 어릴 때부터 말씀으로 양육하고 그들을 온전히 세워야 미래가 더 소망이 있고 믿음의 세대가 된다.

우리나라 복음화율은 15~20% 정도 되지만 다음 세대는 3.5% 정도밖에 되지 않는다. 레슬리 뉴비긴(Lesslie Newbigin)이라는 선교사는 영국에서 파송을 받아 복음의 불모지 인도 땅에서 그의 전 생애를 드리며 40년 동안 복음을 전했다. 그가 고국에 돌아와 보니 선교지가 인도였는데 영국 땅이 다시 선교사를 받아야 할 땅이 되고 말았던 것이다.

뉴비긴이 파송 받아 나갈 때는 영국 전체가 기독교 분위기인 나라였다. 그런 영국이 다시 복음을 받을 나라, 선교지가 되고 만 것이다. 영국의 교회당은 텅 비워져 가고, 노인들만 남아있는 교회들이 많아지며, 술집이나 나이트클럽, 심지어 이단들에게 팔리는 상황에 이르렀다.

왜 이런 일이 일어났을까? 나라에 목회자들과 신학자들이 없어서가 아니다. 근본적인 원인은 다음 세대를 놓쳤기 때문이다. 다음 세대를 놓치면 다 놓치는 것이다.

한국의 100여 년 전, 강돈욱 장로(1871~1943)는 자녀 중 둘째 딸의 이름을 반석 같은 존재로 믿음 가운데 크게 되라고 '강반석'으로 지었다. 김형직과 결혼하여 두 사람은 교회 집사가 되었고 낳은 아들이 김성주(일성)이다. 김일성은 어릴 때 칠곡교회(七谷敎會)를 다녔다. 하지만 예수님을 인격적으로 만나지 못한 것 때문에 남북한의 비극이 지금도 일어나고 있고, 종교뿐만 아니라 모든 분야에 영향을 미치고 있다.

예전에 북한 금강산을 다녀온 적이 있다. 북한 땅을 밟고 그들을 볼 수 있는 것만으로도 감격이었다. 등산, 서커스, 온천 등, 작은 경험을 통해 북한의 모습을 조금이나마 엿볼 수 있었다. 하지만 호텔 앞에 쓰여 있는 문구와 산의 큰 바위마다 붉은 페인트로 김일성에 대한 신격화 문구는 안타까움을 금할 수 없었다.

다음 세대에게 바통을 물려주지 않으니 이 세상이 이렇게 되어가는 현실 속에 다음 세대가 얼마나 중요한지를 깨우쳐 주는 피부에 닿는 실제적인 사건이었다.

하나님은 우리를 사랑하시고 큰 관심을 가지고 계신다. 그런데 사탄 마귀도 우리에게 관심이 있고 우리를 포기하지 않으며 끊임없이 유혹한다.

육상의 계주는 첫 번째 선수가 달려가 다음 선수에게 바통을 건네주고 바통을 받은 선수는 달려가 또 다음 선수에게 바통을 전해준다. 왜냐하면, 아직 결정점에 도착하지 않았고 기다리는 선수가 있기 때문이다.

복음의 경주도 마찬가지다. 우리의 믿음의 선배들이 고난 가운데서 신앙을 지키고 땀 흘려 수고를 했다. 그래서 우리 같은 복음의 세대들이 된 것이다. 우리가 복음의 바통을 받았으면 놀고 있으면 안 된다. 우리도 복음을 들고 뛰어가야 한다. 수많은 다음 세대가 우리를 바라보고 기다리고 있다. 빨리 복음을 전해주어야 한다.

우리의 미래는 다음 세대의 손에 달려있다. 다음 세대가 잘 세워지면 가정과 사회, 교회와 나라가 달라진다. 그다음 세대를 살리는 것은 교회다. 교회가 다음 세대를 그리스도의 제자로 삼지 않으면 세상이 다음 세대를 제자 삼을 것이다.

지금의 한국교회는 위기다. 교회는 고령화가 돼 가고 박물관처럼 되어간다. 교회 직분자들의 자녀들도 교회를 떠나는 현실이고, 교회 안에도 교회 교육부서가 60% 이상이 아예 없다. 하지만 다음 세대 전도와 교육이 힘들고 어려워도 우리는 다음 세대를 중단하거나 포기할 수 없다. 다음 세대가 무너지면 다 무너지기 때문이다.

다음 세대를 살릴 수 있는 골든 타임(golden time)은 얼마 남지 않았다. 다음 세대는 한국교회 미래의 소망이고 대안이다. 한국교회가 다음 세대를 가슴에 품고 부모의 심정으로 다음 세대에게 복음을 전수할 수 있다면 희망이 있다. 이런 외침과 헌신은 반드시 다음 세대의 축복으로 임할 것이다. 부모의 투자나 희생이 없으면 다음 세대를 살릴 수도 세울 수도 없다.

다음 세대를 세우는 일은 교회의 대안뿐 아니라 사회와 나라의 대안이기도 하다. 구체적인 전략을 통해 각 교회가 다음 세대를 입양하여 품고 기도하여 사랑을 전달할 때 희망이 있다. 다음 세대를 향한 힘찬 희망의 대열에 한국 5만 교회와 성도들이 연합하여 하나님이 우리에게 주신 마지막 기회와 사명으로 알고 최선으로 동역하기를 기대하며 기도한다.

현숙한 여인

YouTube 에서
설교 동영상을
보실 수 있습니다

"고운 것도 거짓되고 아름다운 것도 헛되나 오직 여호와를 경외하는 여자는 칭찬을 받을 것이라 그 손의 열매가 그에게로 돌아갈 것이요 그 행한 일로 말미암아 성문에서 칭찬을 받으리라"(잠 31:30~31).

우리는 그리스도의 신부이기에 현숙한 사람이 되어야 하고, 특히 여인들이 현숙할 수 있다면 가정과 사회, 공동체가 밝아질 것이다. 현숙한 여인의 가치는 진주나 보석보다 더 귀하고 값으로 계산할 수 없다.

현숙한 여인은 남편이 아내의 신앙과 인격을 신뢰하며 믿고 있기에 가정에서 불안하지 않고 무엇이든지 맡길 수 있다. 그녀는 가족을 돌보며 무책임하지 않으며, 맡겨진 일을 즐겁게 부지런히 감당한다. 가족을 위해 옷을 만드는 일이나 가족의 건강을 위해 일찍 일어나 시장을 두루 다니며 좋은 재료로 음식을 준비한다.

음식은 먹을 것을 제공하는 뿐만 아니라 음식 안에 사랑이 담겨 있고 가족을 응원하는 격려가 담겨 있다.

그녀는 어렵고 힘든 사람들을 보면 그냥 지나치지 않고 그들의 필요를 채워주는, 베풀고 나누며 섬기는 삶을 살아간다. 또한, 다른 사람을 섬길 때 물질뿐만 아니라 사랑이 담긴 따뜻한 말로 격려하며, 지혜와 하나님 말씀을 나누어 영혼이 만족되도록 도와준다.

또 남편을 무시하거나 험담하지 않고 존중하며 세워가기에 남편은 아내를 통해 속해 있는 공동체에서 존경을 받게 된다. 그리고 가장 가까운 남편과 자녀로부터 인정과 칭찬을 받는다. 서로의 소중성을 알고 격려하는 것은 가족 모두를 살리는 힘이 된다.

현숙한 여인은 하나님을 사랑하고 두려워할 줄 아는 하나님을 기뻐하는 사람이다. 많은 사람이 외적인 것과 외모적인 것에 관심을 가지고 투자하지만 이런 것은 시간이 지나면 다 사라지는 것이다. 하나님은 현숙한 여인의 삶과 섬김을 받으시고 그 손의 열매를 안겨주실 뿐 아니라 큰 칭찬을 하실 것이다.

그러므로 현숙한 사람을 만나는 것은 많은 복 중에서 큰 복이다. 우리는 스스로 현숙한 여인이 되기를 사모해야 하고, 내면의 아름다움을 볼 수 있는 지혜와 분별력을 달라고 기도해야 한다.

"누가 현숙한 여인을 찾아 얻겠느냐 그의 값은 진주보다 더 하니라"(잠 31:10).

건강한 가정, 행복한 가정

YouTube 에서
설교 동영상을
보실 수 있습니다

"자녀들아 주 안에서 너희 부모에게 순종하라 이것이 옳으니라 네 아버지와 어머니를 공경하라 이것은 약속이 있는 첫 계명이니 이로써 네가 잘되고 땅에서 장수하리라 또 아비들아 너희 자녀를 노엽게 하지 말고 오직 주의 교훈과 훈계로 양육하라"(엡 6:1~4).

가정은 하나님께서 세우신 기관이기에 하나님은 가정을 사랑하시고 은혜 베푸시기를 원하신다. 어떤 어려움이 있어도 하나님은 가정을 절대 포기하지 않으신다.

가정이 무너지면 자녀와 교회, 사회와 나라도 소망이 없기에 사탄도 가정을 포기하지 않고 계속 유혹하고 무너뜨리려 한다. 가정의 위기와 문제를 방치하고 그냥 넘어가지 말고 하나님의 은혜와 십자가의 복음으로 가정의 문제는 반드시 풀어야 하고 회복해야 한다.

자녀들은 주안에서 부모에게 순종해야 한다. 부모는 하나님께서 자녀에게 주신 분들이기에 주님의 관점과 시선으로 부모를 바라보아야 한다. 순종하는 것에 부담이 있고 마음이 허락되지 않는다고 해도 주님 때문이라도 부모에게 순종해야 한다.

부모에게 순종하는 것은 옳은 일이기에 내게 유익이 없더라고 순종해야 하고, 하나님께서 가정을 세우신 창조질서를 지키는 일이고 절대적인 가치인 것을 기억해야 한다. 자녀가 하나님이 세우신 부모의 권위를 인정하고 바로 세워야 하나님을 잘 섬길 수 있고 사회에서의 권위를 인정하게 된다.

부모가 나이 들고 힘이 없고 재정이 없다 할지라도 무시하거나 경히 여기지 말고 공경해야 한다. 생명의 근원은 하나님에게서 나왔지만, 부모로부터 생명의 빚을 졌기에 공경하는 것은 마땅하고 부모의 존재 자체가 존경과 섬김의 대상이다.

자녀가 할 수 있는 최고의 효도는 부모를 예수 믿게 하여 천국의 소망으로 하나님과 동행하며 살게 하는 것이다. 부모에게 전도하지 않는 것은 최고의 불효이다.

부모를 공경하는 것은 당연하지만 하나님께서 자녀에게 주신 약속이 있다. 눈에 보이는 부모를 섬기면 하나님께서 기뻐하시고 자녀의 인생을 책임지시겠다고 말씀하신다.

부모는 자녀를 노엽게 하지 말아야 한다. 부모의 폭언과 폭력은 자녀에게 상처를 주며 그것은 자녀의 미래를 어둡게 한다. 부모와의 관계가 좋아야 하나님과의 관계도 이웃과의 관계도 건강할 수 있다.

가정이 아무리 부유하고 명예가 있어도 부모와의 관계가 건강하지 못하면 행복한 가정이 될 수 없으며, 사탄이 틈을 타서 가정을 파괴한다. 교육보다 관계가 먼저이기에 자녀를 노엽게 하면 부모의 가르침과 교육은 자녀의 마음에 들리지 않게 된다.

자녀는 부모의 소유가 아니라 하나님의 소유이기에 자녀를 존중해야 한다. 하나님께서 부모에게 자녀를 맡기신 것이다. 그래서 부모의 교훈이 아닌 주의 교훈과 훈계로 양육해야 한다. 부모의 방식대로 강요하면 율법적인 가정이 되어 자유와 기쁨이 없고 부담과 공포, 두려움만 남게 된다.

부모는 자녀가 어릴 때부터 하나님을 사랑하고 동행하도록 양육해야 하고 하나님의 지혜로 가르쳐야 한다, 나중으로 미루게 되면 자녀는 기다리지 않을뿐더러 사탄은 자녀들을 그냥 두지 않을 것이다. 가정에서 부모가 자녀를 그리스도의 제자로 양육하지 못하면 세상이 자녀를 제자 삼을 것이다.

부모가 먼저 주의 교훈으로 모범을 보이고 성숙해야 자녀가 보고 배우는 모델링 교육이 가능하다. 이것이 가장 좋은 교육이다. 자녀는 부모의 앞모습뿐만 아니라 뒷모습을 보고 자란다. 자녀교육은 다른 사람에게 맡겨서는 안 되고 부모가 책임을 져야 한다.

우리가 여기까지 온 것은 전적인 하나님의 은혜이고 부모의 사랑과 기도 덕분임을 잊지 말아야 한다. 부모의 사랑과 눈물의 기도로 하나님께 은혜를 구하면 자녀를 복되고 든든하게 세워갈 것이다.

말씀과 **기도**가
해답입니다

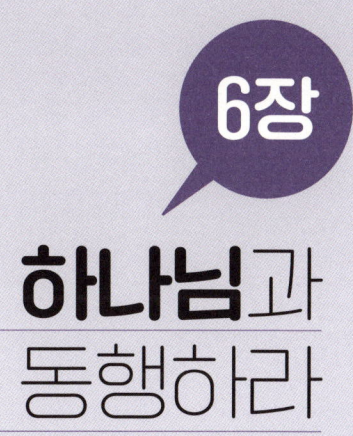

6장

하나님과 동행하라

하나님은 우리를 통해 살아계신 하나님이 드러나길 원하신다. 하나님의 이름이 우리 때문에 땅에 떨어지지 않고 안 믿는 자들이 하나님을 믿게 되어야 한다. 그리스도인들은 의식주만 생각하는 사람이 아니라 하나님을 기쁘시게 하고 세상을 축복하는 성령 충만한 사람이 되어야 한다.

하나님의 꿈으로
고난을 돌파하라

YouTube 에서
설교 동영상을
보실 수 있습니다

"아버지가 그것을 알아보고 이르되 내 아들의 옷이라 악한 짐승이 그를 잡아 먹었도다 요셉이 분명히 찢겼도다 하고 자기 옷을 찢고 굵은 베로 허리를 묶고 오래도록 그의 아들을 위하여 애통하니 그의 모든 자녀가 위로하되 그가 그 위로를 받지 아니하여 이르되 내가 슬퍼하며 스올로 내려가 아들에게로 가리라 하고 그의 아버지가 그를 위하여 울었더라 그 미디안 사람들은 그를 애굽에서 바로의 신하 친위대장 보디발에게 팔았더라"(창 37:33~36).

자녀들이 세겜에서 양들을 먹이고 있다는 소식을 듣고, 아버지 야곱은 헤브론에서 80km 거리에 있는 세겜으로 요셉을 보낸다. 요셉은 형들을 찾아 세겜에 도착했지만, 형들은 30km 더 떨어진 도단으로 갔다는 소식을 듣고 또 달려간다.

요셉이 평생 살아온 삶의 특징은 변명이나 핑계하지 않고 순종과 성실, 맡겨진 일에 대한 책임을 다한다는 것이다.

예수님도 어릴 때 육신의 부모에게 순종했으며, 하나님 아버지께 순종하여 이 땅에 오신 것이다. 하나님은 사람의 능력보다 순종하는 태도와 성품을 사용하시고 미래를 인도하신다.

요셉은 채색옷을 입고 형들을 찾아가고 있는데 형들은 멀리서 다가오는 요셉을 알아보고 죽이기로 모의한다. 형들은 요셉과 요셉의 꿈을 죽이고 싶었다.

빛이 오면 어두움은 사라지기에 어두움은 빛을 싫어한다. 가짜는 진짜를 싫어하고 악인은 의인을 미워한다.

신약성경에서 미워하는 자는 살인하는 자라고 말씀하신다. 우리도 미움이 커지고 여건만 주어지면 살인으로 갈 수 있기에, 미움이 마음에 자리 잡지 못하도록 기도하고, 십자가의 보혈로 회개하고 용서받아야 한다.

죄 없으신 예수님도 우리를 구원하시려 이 땅에 오셨는데, 종교 지도자들은 '예수님을 어떻게 죽일까?' 고민하였고, 결국 십자가에 못 박아 죽이고 말았다.

이때 르우벤은 요셉을 죽이지 말고 구덩이에 던지자고 제안을 해, 요셉의 채색옷을 벗기고 구덩이에 던진다.

우리의 채색옷은 남들보다 더 가진 물질이나 명예, 은사나 지혜를 말할 수 있다. 채색옷을 입은 사람은 채색옷을 자랑하거나 교만하지 말고, 그것이 하나님의 영광을 위해서만 사용되기를 기도해야 한다.

나의 모습 속에 남에게 상처를 주거나 시험에 들게 하는 모습은 있는지 살펴보아야 한다. 그리고 채색옷을 입지 않은 사람도 다른 사람과 비교해 자존감이 떨어져 상처받지 않아야 한다.

구덩이에 빠지면 누가 도와주지 않는 한 스스로 나오기가 어렵다. 구덩이는 사방이 막혀있어 답답하고 외롭고 힘든 곳이다. 건강과 물질, 자녀의 문제로 괴로워하는 이 시대의 구덩이에 빠진 분들이 있을 것이다.

스스로는 해결할 수 없는 문제들 앞에 두려움이 몰려오고 누가 도와줄 사람도 없고 앞이 캄캄한 상황 속에 있는 분들은 기억해야 한다. 구덩이는 사방이 다 막혀있어도 위가 뚫려 있다. 하나님을 바라보고 여전히 우리를 주목하시고 손 내미시는 주님의 손을 붙잡아야 한다.

하나님은 요셉의 울부짖음을 거절하지 않고 응답하신다. 때마침 애굽으로 가는 상인들이 지나가는 것을 보고 유다는 요셉을 노예로 팔자고 제안한다.

르우벤을 붙이신 분도 하나님이고, 애굽으로 가는 상인을 보내신 분도 하나님이시다. 유다를 붙이시는 분도 하나님이시다. 우연이란 없고 모든 것이 하나님의 계획이고 섭리다.

복을 나누는 인생

YouTube 에서
설교 동영상을
보실 수 있습니다

"여호와께서 요셉과 함께 하시므로 그가 형통한 자가 되어 그의 주인 애굽 사람의 집에 있으니 그의 주인이 여호와께서 그와 함께 하심을 보며 또 여호와께서 그의 범사에 형통하게 하심을 보았더라"(창 39:2~3).

요셉은 형들에게 미움받고 채색옷이 벗긴 채 구덩이에 빠지며, 결국 애굽의 종으로 팔려간다. 그러나 하나님께서 요셉과 함께하시기에 요셉은 형통한 자라고 말씀하신다.

성경적인 형통과 세상적인 형통은 다르다는 것이다. 형통이란 내 뜻과 야망, 욕심을 이루는 것이 아니라 어디서 무엇을 하든지 하나님과 함께 하는 것이 성경적인 형통이다.

아무리 잘 살아도 하나님이 함께하지 않으면 그것은 형통이 아니다. 우리는 고난이 없는 것, 하는 일마다 잘 되는 것을 형통이라고 한다. 성경적인 형통은 하나님과 상관없으면 아무것도 아니다.

우리 자녀를 향한 기도 제목은 무엇인가? 세상적인 출세가 아니라 어떤 상황 속에서도 하나님을 경외하며 동행하는 삶을 사는 자녀가 되는 것이 우리의 기도 제목이 되어야 한다.

하나님을 믿지 않는 보디발은 하나님께서 요셉과 함께하심을 보며 하나님께서 형통케 하심을 보았다. 요셉이 삶 속에서 하나님을 숨기지 않았으며, 늘 찬양과 감사로 일했던 것을 알 수 있다.

보디발의 집에는 종들이 많이 있었다. 하지만 요셉은 달랐다. 눈가림이나 아부하는 종이 아니었고, 게으름이나 원망으로 일하지 않았으며, 작은 일에 몸과 마음을 다해 최선을 다하여 무엇을 하든지 주께 하듯 섬겼을 것이다.

보디발은 권력과 물질이 있었지만, 자신에게 없는 것이 요셉에게 있었기에 함부로 할 수 없는 당당함과 겸손함을 보고 놀랐을 것이다. 요셉에게는 거룩함과 평안함, 신실함과 자유함이 있었다. 종이지만 주인 같은 종이었다.

보디발은 요셉을 신뢰하기 시작했으며, 믿을 수 있는 사람이 되어 가정 총무로 세움을 입었다. 이때부터 하나님은 요셉을 위하여 보디발의 집과 모든 소유물에 복을 내리신다.

　우리는 가는 곳마다 그곳을 위해 기도할 것이고 축복할 것이다. 자신만 복을 누리는 인생이 아닌 가정과 교회, 사회와 직장에 복이 되는 삶을 살아야 한다. 복을 나누는 인생, 복의 통로로 쓰임 받는 인생이 가장 가치 있고 의미 있는 삶이다.

　우리는 하나님의 복덩이다. 하나님을 믿는 나 때문에 주위가 복을 받아야 한다. 형통의 결과는 나로 인해 내 주변 사람들이 유익하게 되는 것, 이것이 성경적인 형통인 것이다.

유혹을 이기라

YouTube 에서
설교 동영상을
보실 수 있습니다

"그 후에 그의 주인의 아내가 요셉에게 눈짓하다가 동침하기를 청하니 요셉이 거절하며 자기 주인의 아내에게 이르되 내 주인이 집안의 모든 소유를 간섭하지 아니하고 다 내 손에 위탁하였으니 이 집에는 나보다 큰 이가 없으며 주인이 아무것도 내게 금하지 아니하였어도 금한 것은 당신뿐이니 당신은 그의 아내임이라 그런즉 내가 어찌 이 큰 악을 행하여 하나님께 죄를 지으리이까"(창 39:7~9).

마귀는 아담과 하와 이후로부터 지금까지 하나님의 자녀인 우리를 무너뜨리려고 끊임없이 공격한다. 하나님께서 우리를 포기하지 않으시듯 마귀도 우리를 포기하지 않는다.

그리스도인들은 고난을 받을 때는 주님을 의지하여 더욱 힘써 기도로 이겨내지만 달콤한 유혹을 받을 때는 오히려 쉽게 무너질 수가 있다.

또한, 우리에게 주신 강점이 축복이지만 자칫 그로 인해 교만에 빠질 수 있고 약점으로 열등감과 낙심에 절망할 수도 있다.

마귀는 우리를 너무나 잘 알기에 여러 가지 방법으로 유혹하고 시간과 때를 가리지 않고 성도를 넘어뜨리려고 우는 사자처럼 기회를 엿보므로 순간이라도 주님 바라보는 것을 소홀히 하면 넘어질 수밖에 없다.

여호수아는 여리고 성 전투에서 승리한 후 방심하고 기도하지 않아 아이 성 전투에서는 실패했으며, 다윗은 고난의 때에 오직 하나님만 바라보고 의지하여 승리했다. 하지만 오히려 안정된 시기에는 방심하여 유혹에 무너졌다.

요셉은 애굽에 종으로 팔려왔지만 정직하고 성실하여 보디발 가문의 가정 총무가 되고 용모가 준수하고 아름다워 여주인의 유혹을 받게 되었으나 단호히 거절한다.

요셉은 하나님과 자기를 신뢰해준 주인을 의식했다. 요셉의 신앙은 하나님 앞에서 사는 코람데오의 삶이었다. 젊은 혈기의 청년이었지만 여주인의 유혹을 받아들이면 출세의 기회가 올 수도 있었겠지만, 요셉은 늘 하나님을 경외하며 의식하고 살았으므로 유혹을 이길 수 있었다.

누구에게나 정욕의 유혹은 집요하게 찾아온다. 유혹을 이기는 방법은 유혹에 맞서는 것이 아니라 피하는 것이다.

죄로 인한 결과가 얼마나 무섭고 심각한 것인지 생각하면 유혹을 이길 수 있다. 하나님의 영광을 가리고 영혼과 삶이 파괴되며 가정과 자녀에게까지 비참한 결과를 가져온다.

시시때때로 고난과 유혹으로 마귀의 공격은 계속될 것이나 보이지 않는 영적 싸움에서 승리할 수 있는 힘은 말씀과 기도, 성령님의 절대적 도움에 있다.

주님과 동행하므로 모든 고난과 유혹에서 승리하는 삶이 되길 바란다.

꿈을 이루시는 하나님의 은혜

YouTube 에서
설교 동영상을
보실 수 있습니다

"바로가 또 요셉에게 이르되 내가 너를 애굽 온 땅의 총리가 되게 하노라 하고 자기의 인장 반지를 빼어 요셉의 손에 끼우고 그에게 세마포 옷을 입히고 금 사슬을 목에 걸고 자기에게 있는 버금 수레에 그를 태우매 무리가 그의 앞에서 소리 지르기를 엎드리라 하더라 바로가 그에게 애굽 전국을 총리로 다스리게 하였더라"(창 41:41~43).

요셉은 17세에 애굽으로 끌려와 종이 되고 또 죄수 신세로 살면서 얼마나 힘들었을까! 그는 "하나님, 언제까지입니까?"라고 질문하며 성실하게 하나님과 함께 살았다.

드디어 히브리 죄수인 요셉이 30세가 되었을 때 애굽의 총리가 된다. 있을 수 없는 일이 일어난 것이다. 전적으로 하나님의 은혜이다. 하나님은 역전의 명수시며 하나님의 시간에 반드시 하나님의 꿈을 이루신다.

요셉이 바로의 꿈을 해석해 주고 대안을 제시하는 것을 보고 바로와 그의 모든 신하가 요셉을 좋게 여겼다. 왕과 신하들이 요셉의 말에 감동을 받고 신뢰하게 되었다.

바로는 신하들에게 '요셉은 하나님의 영에 감동된 사람'이라고 말한다. 이방 나라 왕이 요셉을 보면서 하나님의 사람으로 인정하고 있고 하나님의 뜻을 아는 특별한 사람으로 보고 있다.

하나님은 우리를 통해 살아계신 하나님이 드러나길 원하신다. 하나님의 이름이 우리 때문에 땅에 떨어지지 않고 안 믿는 자들이 하나님을 믿게 되어야 한다. 그리스도인들은 의식주만 생각하는 사람이 아니라 하나님을 기쁘시게 하고 세상을 축복하는 성령 충만한 사람이 되어야 한다.

바로는 요셉을 파격적으로 애굽의 총리로 임명한다. 요셉은 죄수에서 하루아침에 총리가 된 것이다. 하나님이 높이시면 낮출 자가 없고 하나님이 낮추시면 높일 자가 없다는 것을, 배후에 하나님의 손길과 은혜, 인도가 있는 것을 알 수 있다.

하나님은 요셉을 13년 동안 준비시키셨고, 바로의 마음을 움직이셔서 하나님의 때에 하나님의 꿈을 이루시고 있는 것이다.

바로는 요셉에게 인장 반지를 끼우고 세마포 옷을 입히며, 금 사슬을 목에 걸고 버금 수레를 타게 한 것은, 바로의 모든 권한을 요셉에게 주었다는 것을 상징한다. 하나님이 요셉을 상상할 수 없을 만큼 영광스럽게 회복시켜 주신 것이다.

요셉은 총리로서 명령만 해도 되지만, 애굽 온 땅을 순찰하면서 자신의 책임을 다하는 태도와 변함없는 성실함을 보인다. 요셉은 이제 힘과 권력을 가지고 보디발의 아내를 혼내 줄 수도 있지만, 복수하지 않으며 교만하거나 향락과 쾌락에 빠지지도 않았다.

우리가 무엇이 되는 것보다 더 중요한 것은 어떤 자세로 살아가는가가 더 중요하다.

바로가 요셉의 이름을 사브낫바네아로 바꾸고 아스낫을 아내로 삼게 한다. 하지만 요셉은 우상숭배나 신앙이 변질되지 않았으며, 믿음의 정체성을 지키고 있었다.

하나님께서 요셉에게 두 아들을 주셨는데, 첫째는 므낫세이고, 둘째는 에브라임이다. 므낫세는 하나님께서 살아온 과거의 고난과 억울함, 아쉬움과 상처를 잊어버리게 하셨다는 고백의 이름이다.

많은 분이 힘들어하는 것은 과거의 고통스러운 기억과 상처가 지워지지 않아 자유와 평강이 없어 여전히 괴로워하기 때문이다. 하나님은 과거에 얽매이지 않고 상처와 괴로움을 치유하고 잊게 하는 분이시다.

에브라임은 하나님이 수고하고 고통받는 땅에서 번성하게 하고 창성케 하신다는 뜻으로 요셉은 하나님을 기억하고 인정하고 있다. 하나님 앞에 바로 서는 것이 애굽의 총리가 되는 것보다 더 중요하기 때문이다.

요셉은 칠 년의 풍년을 잘 준비해 흉년이 왔을 때 넉넉히 감당할 수 있었다. 우리의 삶 가운데 풍년이 올 수도 있고 흉년이 올 수도 있지만, 우리는 어떤 환경 속에서도 믿음이 흔들리지 않고 하나님과 함께 승리해야 한다.

애굽과 인근 나라까지 흉년이 왔을 때 백성이 바로에게 부르짖어 양식을 구할 때 요셉에게 가라고 한다. 요셉이 곡식을 저장한 창고를 열고 백성들에게 팔고 나누어 주었다.

우리가 혹 어렵고 힘든 흉년의 시기에 있다 할지라도 예수 그리스도께 나아와 부르짖어 구한다면 우리 주님이 응답하시고 은혜를 베풀어 주신다.

하나님의 사람 요셉 때문에 애굽과 인근 나라까지도 구원한 것처럼, 하나님 앞에 바로 서는 한 사람을 통해 도시와 민족을 살리는 축복의 통로로 쓰임 받기를 간절히 기대한다.

잊지 않으시고
일하시는 하나님

YouTube 에서
설교 동영상을
보실 수 있습니다

"제삼일은 바로의 생일이라 바로가 그의 모든 신하를 위하여 잔치를 베풀 때에 술 맡은 관원장과 떡 굽는 관원장에게 그의 신하들 중에 머리를 들게 하니라 바로의 술 맡은 관원장은 전직을 회복하매 그가 잔을 바로의 손에 받들어 드렸고 떡 굽는 관원장은 매달리니 요셉이 그들에게 해석함과 같이 되었으나 술 맡은 관원장이 요셉을 기억하지 못하고 그를 잊었더라"(창 40:20~23).

요셉은 사랑받는 아들이었지만 형들의 시기로 애굽에 종으로 팔려가 신분이 바뀌었다. 종으로 생활하다가 여주인의 유혹과 모함으로 감옥에 들어가게 된다. 요셉의 생애는 하나님의 꿈과 점점 멀어지고 사라지는 것 같지만, 여전히 하나님은 요셉을 위해 일하고 계시고, 꿈에 점점 더 가까이 나아가게 된다.

요셉이 있는 감옥에 바로의 술 맡은 관원장과 떡 맡은 관원장이 들어오게 되고 요셉은 그들을 잘 섬기게 된다. 이 만남은 하나님의 섭리이고 인도하심이다.

두 사람은 각기 다른 꿈을 꾼다. 두 사람은 꿈이 불안하기도 하고 해석할 방법이 없어 근심의 빛을 띠게 되고 그것을 본 요셉은 세밀히 관찰하고 질문을 한다. 요셉의 섬김은 늘 진심이었으며, 그들을 긍휼히 여기는 마음이 있고 섬기고 싶은 마음이 있었다. 하나님은 다른 사람들을 섬기고자 하는 마음만 있어도 감당할 은혜를 베푸신다.

그들이 요셉에게 물을 때 해석은 하나님께서 하신다고 말한다. 요셉의 영적인 자신감을 엿보게 된다. 문제가 아무리 커도 해석이 되면 더 이상 문제는 문제가 되지 않는다. 우리도 요셉처럼 상담이나 설교할 때, 무엇을 결정할 때, 하나님께 기도하면서 물으면 영감과 지혜를 주신다.

요셉은 술 맡은 관원장은 복직될 것을, 떡 맡은 관원장은 사형될 것을 하나님이 주신 마음을 그대로 용기 있게 대답한다. 요셉은 술 맡은 관원장에게 복직되면 나를 기억해 달라고 부탁한다.

사흘 후 바로의 생일날, 두 사람은 요셉의 해석대로 한 사람은 복직되고 한 사람은 매달린다. 그러나 술 맡은 관원장은 요셉을 잊는다.

사람은 잊고 배신해도 하나님은 잊지 않으시고 일하고 계신다.

요셉의 앞날을 인도하고 책임지는 분은 사람이 아니라 하나님이시다. 그러므로 우리는 사람을 의지하지 말고 하나님을 의지해야 한다. 사람은 사랑과 섬김, 축복의 대상이고 하나님만 믿음과 신뢰, 의지의 대상이다.

하나님의 타이밍과 시간은 언제나 정확하기에 기다리는 시간이 힘들지라도 하나님을 더욱 의지하라는 하나님의 음성인 것을 기억해야 한다. 기다림의 시간은 헛된 시간이 아니다. 하나님이 여전히 일하고 계시는 시간이다.

나는 그 하나님을 신뢰하고 의지하며 기다리고 있는가? 하나님은 가장 좋은 하나님의 때에 하나님의 방법으로 이루어 주신다. 기도하며 그때를 기다림으로 승리하자

하나님의 때는 반드시 온다

YouTube 에서
설교 동영상을
보실 수 있습니다

"바로께서 꿈을 두 번 겹쳐 꾸신 것은 하나님이 이 일을 정하셨음이라 하나님이 속히 행하시리니 이제 바로께서는 명철하고 지혜 있는 사람을 택하여 애굽 땅을 다스리게 하시고 바로께서는 또 이같이 행하사 나라 안에 감독관들을 두어 그 일곱 해 풍년에 애굽 땅의 오분의 일을 거두되 그들로 장차 올 풍년의 모든 곡물을 거두고 그 곡물을 바로의 손에 돌려 양식을 위하여 각 성읍에 쌓아 두게 하소서 이와 같이 그 곡물을 이 땅에 저장하여 애굽 땅에 임할 일곱 해 흉년에 대비하시면 땅이 이 흉년으로 말미암아 망하지 아니하리이다"(창 41:32~36).

바로는 2년 후에 꿈을 꾼다. 2년은 요셉을 준비시키는 특별한 시간이었다. 요셉은 사람을 기대하다가 실망하게 되고 오직 하나님만 의지하고 신뢰하는 것을 배웠을 것이다.

사람은 잊어도 하나님은 잊지 않으시고 기억하신다. 기다림은 헛된 시간이 아니라 하나님이 일하시는 시간이다. 하나님의 타이

밍은 정확하다. 하나님은 2년 후에 애굽의 바로 왕에게 개입하여 꿈을 꾸게 하신다. 하나님은 이방 왕을 통해서도 일하시는 온 우주를 통치하는 분이시다.

바로는 두 가지 꿈을 꾸고 마음이 번민하여 애굽의 점술가와 현인들을 불러 꿈을 말하는 데 해석하는 자가 없다. 때마침 술 맡은 관원장이 2년 전의 요셉을 기억하게 된다. 하나님이 개입하셔서 생각나게 한 것이다.

술 맡은 관원장은 왕의 번민하는 모습을 보면서 모른 체하지 않고 자신의 찔림을 솔직하게 고백하며 요셉을 추천하게 된다. 하나님은 결정적인 순간에 요셉을 위하여 술 맡은 관원장을 사용하신다. 자신의 허물을 용기 있게 고백하는 것은 하나님의 뜻을 이루는 과정이다.

드디어 절박한 상황이 된 바로가 요셉을 부른다. 이것은 요셉이 계획한 일이 아니고 하나님께서 이 일을 위해 요셉을 지금까지 준비한 것이다. 하나님의 때는 반드시 온다. 하나님은 역전의 명수시며 아무도 막을 수 없다.

요셉은 옷을 갈아입고 왕 앞에 나간다. 요셉의 생애 속에 중요한 단어가 있는데 그중에 하나가 옷이다. 옷은 신분이나 명예를 의미한다. 요셉은 채색옷에서 종의 옷으로, 종의 옷에서 죄수의 옷으로 바뀌었다. 하지만 왕 앞에 나갈 때는 새로운 옷을 갈아입었다. 하나님은 우리를 영광스러운 회복의 옷으로 입혀주셨고 앞으로도 입혀주신다.

바로는 요셉을 신뢰하고 의지하고 있다. 요셉의 능력인 줄 안다. 하지만 요셉은 이방 왕 앞에서 내가 능력이 있는 것이 아니라 하나님이 하시는 것이라고 선포한다. 요셉은 기회를 놓치지 않고 자연스럽게 삶의 한복판에서 하나님을 드러내고 있다.

바로가 요셉을 집중하고 있는데 요셉은 바로의 시선과 관심을 하나님께로 옮기고 있다. 내가 주목받는 것이 인생의 목적이 아니라 하나님을 바라보도록 하는 것이 목적이다. 요셉은 하나님 앞에 인정받는 것이 더 중요하다는 것을 알고 모든 영광을 하나님께 돌린다.

요셉은 종으로 있든지 감옥에 있든지, 범사에 하나님을 인정하며 살았기에 하나님에 대해 전혀 관심이 없는 바로에게도 기회가 주어졌을 때 그 기회를 놓치지 않고 하나님을 소개할 수 있는 것이다.

바로가 꿈을 말할 때 요셉은 당당하게 해석을 해준다. 하나님이 계획하신 것이고 하나님이 이루실 것이라고 말한다.

요셉은 하나님이 은혜 주셔서 꿈의 해석뿐만 아니라 대안까지 제시한다. 7년 풍년과 7년의 강력한 흉년이 오기에 명철하고 지혜 있는 사람을 택하고, 풍년 때에 백성에게 오분의 일을 거두어 각 성읍에 저장하라는 것이다. 잘 대비하고 준비하면 흉년이 와도 나라가 망하지 않고 살 수 있다는 것이다.

많은 사람이 문제 지적은 잘하지만, 대안을 제시하지 못한다. 그러나 요셉은 지금 대안까지 제시하고 있다. 하나님의 말씀과 교제를 통해 하나님의 뜻과 인도를 받아야 한다.

하나님은 요셉을 세우려고 계획하며 쓰시고 있다. 하나님은 요셉을 나라를 살리는 사람으로 쓰시길 원하시고 영광스럽게 구원의 도구로 사용하길 원하신다. 하나님은 13년 동안 종과 죄수의 신분으로 요셉을 준비시킨 것이다.

"하나님의 때는 반드시 온다." 그러므로 우리가 기도하는 비전이 곧 눈앞에 이루어지지 않고 힘든 시간이 반복된다 해도 하나님을 믿고 신뢰하며 성실한 삶으로 기다리면 가장 좋은 때에 가장 선하신 열매로 이루어 주신다.

하나님의 뜻을 누리는 삶

YouTube 에서
설교 동영상을
보실 수 있습니다

"항상 기뻐하라 쉬지 말고 기도하라 범사에 감사하라 이것이 그리스도 예수 안에서 너희를 향하신 하나님의 뜻이니라"(살전 5:16~18).

하나님의 뜻대로 사는 것이 인생을 가장 지혜롭게 사는 길이며 하나님도 우리가 그의 뜻대로 살기를 원하신다. 항상 기뻐하는 것은 하나님의 뜻이며 시간과 관련하여 주시는 말씀이다. 인생을 살아가면서 어떤 일을 만나든지 기뻐하는 태도로 그 문제를 맞이하면 그 결과가 달라진다.

이 기쁨은 환경적이거나 인위적인 것이 아니다. 만약 환경적인 기쁨이면 환경이 사라지면 기쁨도 사라질 것이다. 이 기쁨은 성령님이 주시는 기쁨이며 세상이 흔들 수 없는 기쁨이다.

사도 바울이 감옥 안에서도 기뻐한 것은 주안에 있었기에 가능한 것이었다. 선지자 하박국은 처음에는 힘들고 고통스러운 것이 이해되지 않았지만, 나중에는 조건과 환경과 상관없이 하나님으로 인해 기뻐했다.

하나님은 우리가 어려운 상황 가운데서도 하나님으로 기뻐하는 태도를 갖기를 원하신다. 이 기쁨의 영성이 있는 사람은 감정이나 환경의 지배를 받지 않고 그 문제 안에 숨겨진 하나님의 약속의 참된 보화를 발견한다.

어려운 상황을 만나면 불평이나 원망보다 기쁨으로 시각을 바꾸는 것이 중요하다. 내가 겪고 있는 힘든 부분은 누군가는 그것조차 부러워하는 사람들이 있다는 것을 기억해야 한다.

주님이 주시는 기쁨을 경험한 사람은 세상의 기쁨을 부러워하거나 유혹받지 않는다. 왜냐하면, 진짜 기쁨을 맛보았기 때문이다. 하지만 주안에서 기쁨을 맛보지 못한 사람은 세상의 기쁨에 구걸하고 아부하며 살아간다.

기뻐할수록 계속 기쁨이 샘솟는다. 기뻐할 상황이 아닌데도 기뻐하는 것은 부담스러울 수 있지만, 항상 기뻐하라는 명령에는 우리를 살리려는 하나님의 강한 의지가 들어 있다. 하나님께서 나의 어려운 문제에 대해 책임지시겠다는 뜻이다. 하나님을 믿고 말씀대로 기쁨을 선택하면 하나님이 일하신다.

나를 회복시켜 주소서

YouTube 에서
설교 동영상을
보실 수 있습니다

"베드로가 이르되 은과 금은 내게 없거니와 내게 있는 이것을 네게 주노니 나사렛 예수 그리스도의 이름으로 일어나 걸으라 하고 오른손을 잡아 일으키니 발과 발목이 곧 힘을 얻고 뛰어 서서 걸으며 그들과 함께 성전으로 들어가면서 걷기도 하고 뛰기도 하며 하나님을 찬송하니"(행 3:4~8).

나면서부터 걷지 못한 40세 정도의 한 남자가 성전에 들어가는 사람들에게 구걸하기 위해 성전 미문에 앉아있었다. 그의 소원은 스스로 일어나 걸어보고 뛰어 보는 것이며 남들처럼 성전에 들어가 하나님을 찬양하고 싶었을 것이다. 그에게는 보통 사람이 살아가는 반복적인 일상의 일이 평생소원이고 기적이었다.

자신의 아픈 다리를 고치기 위해 자신과 가족들이 모든 방법을 사용하여 애쓰고 노력했을 것이다. 그런데 효과가 없을 때 얼마나 좌절되고 낙심이 되었을까! 남들이 알지 못하는 고통을 경험했을 것이다. 그리고 사람들의 무시하는 시선과 멸시는 이 사람의 마음을 더 아프고 고통스럽게 했을 것이다.

성전 미문은 높이가 27m나 되고 금과 은으로 칠해진 이중문으로 되어있는 크고 웅장하고 가장 아름다운 문이었다. 성전은 하나님을 만나고 예배하는 곳이다. 이 사람은 성전에 들어가고 싶었지만 늘 밖에서 구걸하면서 구경만 했다. 지나가는 사람들의 말을 통해 정치와 경제 등, 예수님의 소문도 들었을 것이다.

어느 날 베드로와 요한이 기도하러 성전에 올라갈 때 이 사람은 어김없이 구걸했다. 이때 베드로와 요한은 이 사람에게 무엇이 필요한지 자세히 주목하여 보게 되고, 그가 무엇을 얻을까 기대하고 바라볼 때 베드로는 은과 금은 없다고 말했다. 걷지 못한 남자에게는 실망스럽고 좌절되는 말이지만, 은과 금보다 더 소중한 것이 있다는 말을 듣는다. 그것은 내 인생을 사랑하셔서 구원하시고 변화시키셨으며 회복을 주신 하나님의 아들 예수 그리스도의 이름을 선포하는 것이다.

이름은 존재와 인격을 의미한다. "예수 그리스도의 이름으로 일어나 걸으라"는 것은 예수님과 친밀한 관계, 교제, 인격 안에서 이제 일어나 영원히 계속 걸으라는 뜻이다. 예수 그리스도의 이름은 주문이 아니라 신앙고백이다. 내가 예수 그리스도 때문에 회복된 것처럼 당신도 예수 그리스도 안에서 새로운 삶을 살아가라는 말이다.

걷지 못하는 장애를 가진 그는 성령의 역사로 발과 발목에 힘을 얻고 일어나 기적을 경험하였다. 그가 먼저 한 것은 세상으로 달려가 자랑할 수도 있었고, 하고 싶은 일을 할 수도 있었을 텐데 얼마나 기쁘면 뛰다가 걷다가 성전에 들어가 하나님을 찬양하였다. 이 사람은 다리만 고침을 받은 것이 아니라 본질이 변화된 것이다.

그는 금과 은과 같은 보석보다 더 귀한 예수님을 만났고 육체의 질병뿐만 아니라 영혼도 일어나는 기적을 경험한 것이다. 우리가 겪고 있는 고통이 때로는 영혼과 육체를 동시에 고침을 받는 회복의 기회가 될 수도 있다. 우리에게 주신 모든 것을 선으로 바꾸어 주실 주님을 찬양하자.

7장
범사에 감사하라

감사는 깊어지고 넓어지는 성숙으로 나가야 한다.
조건이 있거나 모든 일이 잘되어질 때만 감사하는 것이 아니라
어떤 순간이나 상황 속에서라도 모든 일에 감사해야 한다.
감사는 하나님을 믿고 선을 이루실 것을 기대하며 믿음으로
하는 것이다.

기적의 문을
여는 열쇠,
감사!

YouTube 에서
설교 동영상을
보실 수 있습니다

"그 중의 한 사람이 자기가 나은 것을 보고 큰 소리로 하나님께 영광을 돌리며 돌아와 예수의 발 아래에 엎드리어 감사하니 그는 사마리아 사람이라 예수께서 대답하여 이르시되 열 사람이 다 깨끗함을 받지 아니하였느냐 그 아홉은 어디 있느냐"(눅 17:15~17).

성경에 나병 환자들이 나온다. 나병은 몸의 고통과 아픔을 느끼지 못하고 살점이 떨어져 나가기도 한다. 사랑하는 가족들과 헤어져 살아야 했으며 마을 밖으로 쫓겨나야 했다. 사람들과 마주치게 되면 피해야 하며 멀리서 스스로 부정하다고 외쳐야 했다.

그들은 예수님께서 나병을 고칠 수 있는 유일한 분임을 믿고 멀리 서서 소리를 높여 불쌍히 여겨 달라고, 나오지 않는 목소리를 쥐어짜면서 부르짖는다. 예수님은 그들의 소리를 듣고 다가가셔서 제사장들에게 가서 너희 몸을 보이라고 말씀하신다.

내 힘으로 감당할 수 없는 일들이 일어날 때나 나의 삶에 간절함이 있을 때 부르짖게 된다. 예수님은 우리가 부르짖을 때 찾아오셔서 응답하신다. 그들은 예수님의 말씀대로 제사장들에게 찾아가면 나을 것이라는 믿음과 순종이 있었기에 그들 모두에게 기적이 일어난 것이다.

그중 사마리아인 한 명이 하나님의 하신 일을 보고 예수님께 돌아와 감사를 표현한다. 이 세상에서 일어나는 일들은 우연은 없다. 평범한 삶 속에서도 하나님의 손길을 느끼고 깨달은 사람이 감사하는 사람이다.

사람은 하나님이 행하신 일들을 보면서도 시간이 지나가면 자주 잊게 된다. 열 명의 나병 환자 모두 치유를 경험했지만, 너무 기쁘고 좋아서 하나님 앞에 나가지 못하고 각자의 처소로 돌아갔다. 우리는 하나님께서 고난에서 건져주시고 문제에서 해결해주시면 감사할 것이라고 하지만 막상 하나님의 은혜를 경험하고 나면 잠시는 기억해도 잊고 살 때가 많다.

나병 환자 아홉 명도 믿음과 순종이 있었기에 예수님께 부르짖어 기적을 경험했다. 하지만 아홉 명은 감사하는 데는 인색했다. 믿음과 감사는 비례하지 않을 수 있다는 것이다. 믿음과 순종, 기도가 있지만 감사하지 않을 수 있다.

감사했던 한 명의 나병 환자는 몸만 치유 받은 것이 아니라 예수님으로부터 영혼까지 구원받고 회복되는 은혜를 입었다. 이 사람에게 나병이라는 질병은 오히려 하나님의 은혜와 감사의 기적을 경험하는 계기가 되었다.

감사는 기적의 문을 여는 출발점이 되고 열쇠가 된다. 우리 마음에 원망과 분노가 일어나면 기적은 일어나지 않는다. 우리도 고난 속에서 감사를 선택하여 하나님의 선하신 손길을 경험하길 바란다.

아홉 명은 육체의 건강은 회복되었지만, 영혼의 회복은 일어나지 않았다. 치유와 기적을 경험했는데 구원받지 못할 수 있다. 예수님은 그들의 나병뿐만 아니라 영혼까지 구원하기를 원하셨다. 우리는 하나님의 은혜를 잊지 않고 작은 일에도 하나님의 손길이 있음을 믿고, 감사가 떠나지 않는 삶이기를 축복한다.

하나님께 영원토록 감사하라

YouTube 에서
설교 동영상을
보실 수 있습니다

"여호와께 감사하라 그는 선하시며 그 인자하심이 영원함이로다"(시 136:1).

성경에서 한 번만 기록되어도 중요한 말씀인데 여러 번 기록되어 강조한 말씀이 있다. 빌립보서는 '기쁨'이란 단어가 많이 나와 '기쁨의 서신'이라고 부른다. 히브리서 11장은 '믿음 장', 고린도전서 13장은 '사랑 장', 고린도전서 15장은 '부활 장', 시편 136편은 '감사 장' 이라고 부른다.

시편 136편은 26절까지 있는데 '감사하라'는 단어가 26번 기록되었다. 감사의 내용도 중요 하지만, 감사의 대상이 있다는 것은 축복이다. 하나님께 감사하라고 말씀하신다. 하나님께 감사하는 것은 선택사항이 아닌 성도들이 마땅히 해야 할 것이다.

또 시편 136편에서 "그 인자하심이 영원함이로다"라는 문장이 역시 26번 나온다. 우리를 향한 인자하심은 끝까지 변함없이 영원하다. 마귀는 하나님이 나를 영원히 사랑하지 않을 때도 있다고 유혹한다. 그러나 그렇지 않다. 내가 어떤 상황 속에서도, 심지어 징계를 받고 있다 할지라도 나를 향한 하나님의 사랑은 영원하다.

하나님의 인자하심이 영원하다는 것을 믿으면 감사가 넘친다. 감사가 식는 것은 내 마음에 하나님의 사랑이 식는 것과 비례한다. 하나님을 계속 묵상하면 감사가 끊임없이 흘러나온다. 감사는 중단되면 안 되고 계속 이어져야 한다.

자녀들이 부모의 끊임없는 희생적인 사랑을 깨닫고 철들 때 부모님께 진심으로 감사하게 된다. 영적으로도 마찬가지다. 성도들이 하나님의 사랑을 깊이 깨닫고 영적으로 철들 때 하나님께 감사가 터져 나온다. 반대로 하나님의 사랑을 깨닫지 못할 때 영적으로 철이 들지 않을 때 감사하지 못한다.

감사는 깊어지고 넓어지는 성숙으로 나가야 한다. 조건이 있거나 모든 일이 잘되어질 때만 감사하는 것이 아니라 어떤 순간이나 상황 속에서라도 모든 일에 감사해야 한다. 감사는 하나님을 믿고 선을 이루실 것을 기대하며 믿음으로 하는 것이다.

감사는 하나님 앞에서 나를 겸손하게 만들고 타인에게 격려와 힘을 주며 하나님께 영광을 돌리게 한다. 우리를 사랑하시고 선한 길로 인도하시는 영원하신 하나님께 영원토록 감사를 잊지 말자.

행복과 감사

YouTube 에서
설교 동영상을
보실 수 있습니다

"그리스도의 평강이 너희 마음을 주장하게 하라 너희는 평강을 위하여 한 몸으로 부르심을 받았나니 너희는 또한 감사하는 자가 되라 그리스도의 말씀이 너희 속에 풍성히 거하여 모든 지혜로 피차 가르치며 권면하고 시와 찬송과 신령한 노래를 부르며 감사하는 마음으로 하나님을 찬양하고 또 무엇을 하든지 말에나 일에나 다 주 예수의 이름으로 하고 그를 힘입어 하나님 아버지께 감사하라"(골 3:15~17).

인생의 길이와 수명은 우리가 결정할 수 없다. 몇 살까지 살지 아무도 모른다. 하지만 인생의 행복은 마음의 태도를 감사함으로 결정하는 사람에게 주어진다.

이 세상에서 행복을 원하지 않는 사람은 없다. 사람들의 가장 큰 소원은 행복이다. 사람들은 행복하기 위해 일을 하고 돈을 번다. 하지만 행복은 돈이나 명예로 얻어지는 것이 아니다. 마음의 태도와 생각이 바뀌면 행복은 주어진다. 행복을 찾는 비결은 감사를 선택하는 것이다.

감사와 행복의 분량은 비례한다. 감사가 적으면 행복도 적어질 것이고 감사가 많으면 행복도 많아질 것이다. 불행한 사람이 감사를 선택하면 불행이 끝이 나고, 행복한 사람이 감사를 선택하면 행복은 지속된다. 행복하니까 감사하는 것이 아니라 감사하니까 행복한 것이다.

감사는 상대적인 감사와 절대적인 감사가 있다. 상대적인 감사는 환경과 상황이 좋으면 감사하고 일이 잘 안될 때는 불평한다. 절대적인 감사는 환경과 상황에 상관없이 하나님을 기억하며 감사하는 것이다.

하나님은 우리의 믿음을 보시고 역사하신다. 하지만 세상 사람들은 우리의 믿음을 보고 감동을 받거나 주님 앞에 나오지 않는다. 그들은 우리가 어려운 순간에도 기뻐하고 감사하는 삶을 보면서 도전과 감동을 받으며 주님 앞에 나온다.

감사는 하나님의 뜻이며 성품이다. 감사하는 사람은 내 안에 하나님이 주인이시고 역사하신다는 것을 의미한다. 원망과 불평을 하는 것은 하나님이 우리 안에서 다스리지 않고 내 마음대로 산다는 것이다. 마귀의 역사는 감사가 없고 원망과 불평이 많다. 감사가 없는 개인과 가정, 교회는 지옥과 같이 느껴질 수 있다.

시편 6편 5절에서는 "사망 중에서는 주를 기억하는 일이 없사오니 스올에서 주께 감사할 자 누구리이까"라고 말씀하신다.

이 세상에는 지옥 같은 곳이 있다. 그것은 감사가 없는 곳이다. 우리의 심령과 가정, 교회가 감사가 넘침으로 천국이 되기를 기도한다. 사람은 죄성이 있기에 감사가 저절로 나오지 않는다. 감사가 잘되지 않는 것은 훈련되지 않아서 그렇다. 가만히 있으면 불평이 나오고 죄만 짓는다. 그러므로 감사는 훈련돼야 한다. 감사는 연습하고 훈련해야 체질화가 되고 인격과 삶이 된다.

하루의 시작을 감사로 시작하고 하루의 마무리를 감사로 마치기를 원한다. 감사는 표현돼야 한다. 그리고 감사하면 행복하고 좋아진다. 하나님의 사랑과 은혜가 너무 크기에 매일 감사로 고백하고 표현하자.

하나님의
비전에
눈을 뜨자

YouTube 에서
설교 동영상을
보실 수 있습니다

"기록된 바 하나님이 자기를 사랑하는 자들을 위하여 예비하신 모든 것은 눈으로 보지 못하고 귀로 듣지 못하고 사람의 마음으로 생각하지도 못하였다 함과 같으니라"(고전 2:9).

비전이 명확한 사람은 행복하고 가슴 뛰는 인생을 살아간다. 우리는 하나님 앞에서 내가 누구인지 알아야 하고 무슨 일을 위하여 살아야 하는지 분명히 알아야 한다. 그렇지 않으면 무기력하게 살거나 방황하여 시간을 낭비하고 다른 곳을 기웃거리게 된다.

우리는 큰 비전이 있어야 한다. 왜냐하면, 하나님이 크고 위대하신 분이시기 때문이다. 하나님이 자기를 사랑하는 우리와 다음 세대를 위해 예비하신 모든 것은 상상할 수 없이 크다. 지금까지 우리가 눈으로 보지 못한 것이고 귀로 듣지 못한 것이며 마음으로 생각하지도 못한 것이 우리의 앞날에 펼쳐지게 될 것이다.

우리를 향한 하나님의 꿈이 현실로 온다. 내가 부족하고 연약해도, 경험이 없고 나이가 많아도 하나님은 우리를 사용하실 수 있다. 하나님께서 우리를 향한 위대한 계획이 있음을 믿음으로 받아들이자.

아브라함의 74세 때와 75세는 완전히 다르다. 아브라함이 74세까지는 꿈과 미래도 없는 무기력한 인생을 살아갔다. 하지만 하나님께서 아브라함을 75세 때 부르시고 위대한 비전을 주신 이후에는 인생이 180도 달라졌다. 전혀 상상할 수 없는 하나님의 비전이 현실로 이루어진 것이다.

모세의 79세 때와 80세는 완전히 다르다. 모세는 애굽에서 도망하여 39년을 광야에서 양을 치며 아무런 계획이나 미래 없이 무기력하게 살아가고 있었다. 그러나 하나님께서 모세를 80세 때 부르시고 위대한 비전을 주신 이후에는 다시 애굽에 가서 바로 왕 앞에 당당히 서서 하나님의 말씀과 기적을 일으키는 출애굽의 주역이 되었다. 79세 때의 모세는 상상할 수 없는 일이었다. 하나님께서 모세와 함께하시고 비전을 주셨다. 이후 모세는 하나님의 영광을 위해 쓰임 받는 리더가 될 수 있었다.

지금까지 눈으로 보지 못한 것이고 귀로 듣지 못한 것이며 마음으로 생각하지도 못한 것을 하나님의 은혜로 놀라운 일을 하게 된 것이다.

나의 비전은 무엇인가? 가슴 뛰지 않는가? 하나님의 비전 때문에 때로는 잠을 자지 못하고 밥을 먹지 못해도 내 안에서 뜨겁게 타오르는 비전의 열정이 있어야 한다. 우리는 사역하기 전에 하나님의 비전에 눈을 떠야 한다. 그리고 그 비전에 인생을 던지는 것이다. 분명한 하나님의 비전이 있는 인생이 되어 가치 있고 의미 있는 후회 없는 인생을 살아가기를 기대한다.

고난을 이기는
부활의 믿음

YouTube 에서
설교 동영상을
보실 수 있습니다

"이 말씀을 하시고 큰 소리로 나사로야 나오라 부르시니 죽은 자가 수족을 베로 동인 채로 나오는데 그 얼굴은 수건에 싸였더라 예수께서 이르시되 풀어 놓아 다니게 하라 하시니라"(요 11:43~44).

모든 사람은 늙고 죽는다. 돈과 명예, 지식이 있는 사람이나 그렇지 못한 사람도 똑같이 늙고 죽는다. 하지만 부활하신 예수님을 믿고 동행한다면 고난과 질병, 죽음 앞에 두려워하지 않고 어떤 환경 속에서도 이길 수 있다.

예수님은 베다니에 사는 나사로를 친구라고 말씀하셨고 그 가정을 사랑했다. 물론 나사로의 가정도 예수님을 사랑했다. 그런데 이런 가정에 아픔과 고난이 찾아왔다. 얼마든지 주님이 사랑하는 자에게도 고난이 온다는 것을 기억하자. 이것은 우리 주님이 미워하거나 버리신 것이 아니라 하나님의 영광을 드러낼 깊은 뜻이 있는 것이다.

예수님은 나사로가 병들어 죽게 되었다는 소식을 듣고 나흘이 지난 후에 오셨다. 이것도 이해되지 않지만, 주님의 때가 있다는 것을 기억해야 한다. 이 사건을 통해 하나님이 하시고 싶은 일이 있으시다는 것이다. 기도 응답이 지연될 때 실망하거나 낙심하지 말고 주님을 신뢰하며 기다려야 한다.

마르다는 지금 눈앞에 예수님이 계시는데도 불구하고 예수님이 늦게 오셔서 이제는 모든 것이 끝났고 소망이 없다고 고백한다. 내 생각에는 늦은 것 같지만 예수님은 부활이요, 생명이시기에 지금도 역사하실 수 있는 살아계신 분이다. 이 부활의 예수님을 아는 정도가 아니라, 믿으면 부활의 은혜가 내게 임한다.

예수님을 믿는다는 것은 나를 위해 십자가에서 죽은 예수님을 믿을 뿐 아니라 부활하신 예수님을 믿는 것을 말한다. 이 부활의 예수님이 지금도 나와 함께 계시기에 고난도 두려워하지 않고 승리의 삶을 살 수 있다.

예수님이 돌을 옮겨 놓으라고 말씀하실 때 내 이성에 맞지 않아도 주님 말씀 앞에 순종해야 한다. 우리는 사람을 살릴 수는 없다. 하지만 돌을 옮겨 놓을 수는 있다. 주님의 일하심은 먼저 사람들의 믿음과 순종을 사용한다. 하나님은 우리를 동역자로 부르셔서 함께 일하기를 원하신다.

　예수님은 먼저 감사기도를 하시고 "나사로야 나오너라" 선포하셨다. 주님이 말씀하시면 묶인 것이 풀어지고 닫힌 것이 열어진다. 이 말씀이 내게 주시는 주님의 음성이 되어 나를 살리고 하나님의 영광을 나타내는 도구로 쓰임 받는 은혜가 있기를 기도한다.

부활 신앙과
승리하는 삶

YouTube 에서
설교 동영상을
보실 수 있습니다

"이 첫째 부활에 참여하는 자들은 복이 있고 거룩하도다 둘째 사망이 그들을 다스리는 권세가 없고 도리어 그들이 하나님과 그리스도의 제사장이 되어 천 년 동안 그리스도와 더불어 왕 노릇 하리라"(계 20:6).

그리스도인은 예수님을 믿는 사람이다. 예수님께서 나의 죄를 위해 십자가에서 죽으신 것을 믿는 사람이고 예수님께서 죽음을 이기시고 삼일 만에 부활하신 것을 믿는 사람이다. 예수님의 십자가의 죽으심만 믿고 예수님의 부활을 믿지 않으면 예수님을 바르게 믿는 것이 아니다.

만약 예수님의 부활하심이 없다면 성경은 거짓 책이 되는 것이고 예수님도 거짓말쟁이가 된다. 우리가 전파하는 것도 헛것이고 믿음도 헛것이며, 또 우리가 여전히 죄 가운데 있는 것이고 가장 불쌍한 사람이 된다.

성경은 예수님의 부활을 말씀하고 있고, 예수님이 이 땅에 계실 때도 부활하실 것을 여러 번 말씀하셨다. 부활하신 예수님은 막달라 마리아와 여인들과 베드로 및 열두제자, 오백여 형제에게 일시에 보이셨고, 야고보와 바울에게도 나타나셨다.

부활을 경험하지 못했던 사람들은 두렵고 떨며 실망했다. 하지만 부활을 경험한 사람들은 삶이 변화되고 부활의 증인으로 목숨을 걸고 증거한다.

예수님께서 죄와 허물로 죽었던 우리를 살리셨기에 우리는 이미 첫째 부활에 참여한 사람이다. 영적으로 죽어 있었고 하나님과 관계가 단절되었지만, 예수님의 십자가와 부활을 통해 우리 안에 생명이 주어졌기에 둘째 사망이 우리를 지배하지 못한다. 불신자는 첫째 부활에 참여하지 못한 자다.

둘째 부활은 주님이 다시 오실 때 몸을 입고 있던 모든 자는 부활하는 데, 믿는 자는 생명의 부활로, 믿지 않는 자는 심판의 부활을 하게 된다. 믿는 자들이 두 번째 부활 때는 병들거나 죽지 않는 영광스럽고 신령한 몸으로 다시 살아난다. 예수님을 닮은 부활의 몸으로 영원토록 주님을 예배하고 교제하는 소망으로 가득하길 바란다.

부활하신 주님이 나와 영원토록 함께 하시기에 견실하며 흔들리지 말고 항상 주의 일에 더욱 힘쓰는 자들이 되어야 한다. 그리고 주님이 무엇을 기뻐하실까 생각하며 삶 속에서 주님을 주인으로 모시고 살아가야 한다.

오늘도 하나님께서 우리의 수고를 보시고 기억해 상급으로 갚아주시기에 주안에서 가치 있는 복된 삶을 살아가기를 축복한다.

"선한 일을 행한 자는 생명의 부활로, 악한 일을 행한 자는 심판의 부활로 나오리라"(요 5:29).

하나님의 사랑이 능력이다

YouTube 에서
설교 동영상을
보실 수 있습니다

"내가 사람의 방언과 천사의 말을 할지라도 사랑이 없으면 소리 나는 구리와 울리는 꽹과리가 되고 내가 예언하는 능력이 있어 모든 비밀과 모든 지식을 알고 또 산을 옮길 만한 모든 믿음이 있을지라도 사랑이 없으면 내가 아무 것도 아니요 내가 내게 있는 모든 것으로 구제하고 또 내 몸을 불사르게 내줄지라도 사랑이 없으면 내게 아무 유익이 없느니라"(고린도전서 13:1~3절).

사랑이 가장 중요하다는 것은 다 알고 있지만 실천하지 못하고 있는 것 중의 하나다.

사도 요한은 젊었을 때 예수님의 제자로 부름을 받고 약 백 세까지 사명을 감당하였다. 성경 5권을 성령의 감동으로 기록했으며, 밧모 섬에서 천국의 모습도 보았다. 요한은 늙어서까지도 그의 설교의 주제는 하나였다. 하고 싶은 설교가 많았을 텐데도 계속 반복해서 '사랑' 설교만 하였다.

요한의 닉네임은 '사랑의 사도'다. 그는 처음부터 사랑의 사도가 아니었다. 그는 야고보와 함께 '보아너게, 우뢰의 아들'이라는 별명을 가지고 있었다. 그리고 예수님께 높은 자리에 앉혀달라고 부탁했었으며, 어떤 사람이 주의 이름으로 사역하는 것을 금하기도 했다. 그런 요한이 사랑의 사람으로 변화되었다. 이것이 기적이다.

사랑이 얼마나 중요한지 사도 요한은 요한복음에서 믿음으로 구원받지만, 요한일서에서는 믿음으로 구원받은 사람은 사랑의 열매를 맺어야 한다고 강조한다. 믿음과 사랑은 연결된다. 믿음은 좋은데 사랑이 없는 사람은 없다. 만약 있다면 그것은 바른 믿음이 아닐 것이다.

우리가 사랑할 때 하나님이 임재하시고 역사하신다. 은사와 능력, 믿음과 구제가 있다 할지라도 사랑이 없으면 아무것도 아니다.

주님은 우리를 목숨 걸고 사랑하셨고, 먼저 사랑하셨고, 끝까지 사랑하셨다. 우리는 주님이 사랑하는 것처럼 사랑해야 한다. 우리가 사랑하면 심판 날에 담대함을 가질 수 있으며 두려움을 이길 수 있다. 사랑은 내 힘으로 안 된다. 성령의 은혜를 덧입어야 가능하다.

마지막 날에 주님은 우리에게 물으실 것이다. 인기, 능력, 위대한 일, 부와 명예 등, 세상적인 것은 묻지 않을 것이다. 성경의 대계명인 하나님을 사랑하고 하나님이 붙여준 영혼들을 얼마나 사랑하며 살았는지 분명하게 물을 것이다.

주님이 우리에게 주셨던 그 사랑을 다시 한번 깊이 묵상하고 이기심에 치우쳤던 사랑을 회개해야 한다. 생명까지도 아끼지 않으시고 우리를 사랑하신 그 사랑으로 하나님과 이웃 사랑을 믿음의 열매로 맺기 위해 간절히 성령님의 능력을 구하는 우리가 되어야겠다. 그 사랑으로 민족과 열방이 복음으로 가득차기를 축복한다.

내가 하는 일을
네가 보리라

YouTube 에서
설교 동영상을
보실 수 있습니다

"여호와께서 모세에게 이르시되 이제 내가 바로에게 하는 일을 네가 보리라 강한 손으로 말미암아 바로가 그들을 보내리라 강한 손으로 말미암아 바로가 그들을 그의 땅에서 쫓아내리라"(출 6:1절).

모세는 하나님의 사명을 받고 애굽에 내려가서 바로 왕에게 "내 백성을 보내라"고 말한다. 하지만 바로는 거절하고 이스라엘 백성들도 모세를 외면하고 원망한다. 모세는 하나님께 순종했는데 더 악화된 모습을 볼 때 얼마나 괴로웠을까? 모세는 하나님 앞에 엎드려 기도할 때 하나님은 말씀하신다.

"내가 바로에게 하는 일을 네가 보리라"(출 6:1). 출애굽의 과정을 인간적으로 보면 불가능해 보여도 하나님이 하시면 된다. 하나님이 출애굽을 계획하시고 진행하시며 완성하신다. 과정은 어려울지라도 하나님은 실패하지 않는다. 하나님이 하시는 일을 모세는 보게 될 것이다.

하나님의 강한 손으로 말미암아 바로가 이스라엘 백성들을 보낼 것이다. 바로가 아무리 반대하고 완강해 보이지만 하나님이 손대시면 바로는 보낼 수밖에 없다. 하나님의 손은 구원의 손이고, 능력의 손이다. 바로는 비교가 되지 않는다. 하나님이 손대시면 불가능한 일이라도 반드시 해결된다.

하나님의 강한 손은 우리가 연약하고 어려울 때 더 드러난다. 우리의 고난을 통해 하나님의 주인 되심이 확인되는 시간이다. 모든 일은 하나님의 뜻대로 이루어지고 합력하여 선을 이루신다. 고난을 통해 하나님이 하시는 일을 경험하는 것이다.

출애굽을 가능케 하시는 하나님이 '여호와 하나님'이시다. 여호와 하나님은 약속하시고 기억하시며 이루시는 하나님이시다. 하나님은 그 이름의 명예를 걸고 약속에 대해 성실하시고 신실하시다.

사람은 연약해서 약속을 못 지킬 때도 있지만 그 어떤 상황과 상관없이 하나님은 반드시 약속하신 말씀을 이루어 가신다.

성경은 약속의 책이다. 구약은 옛 약속이라는 뜻이고, 신약은 새로운 약속이라는 뜻이다. 성경에는 하나님의 약속으로 가득 차 있으며, 약속이 이루어진 것으로 가득 차 있다. 하나님은 약속하셨고 약속을 지키셨으며 지금도 여전히 지키시고 계신다.

하나님의 약속을 알고 믿으면 우리는 인내하고 기다릴 수 있다. 반드시 성취되기 때문이다. 우리 믿음의 근거도 나의 확신이 아니라 하나님의 약속이 근거인 것이다.

우리의 삶이 어렵고 힘들지라도 하나님의 강한 손과 약속의 말씀을 신뢰하고 굳게 붙잡아 고난을 돌파할 수 있기를 축복한다.

성전 VS 왕궁

YouTube 에서
설교 동영상을
보실 수 있습니다

"이스라엘 자손이 애굽 땅에서 나온 지 사백팔십 년이요 솔로몬이 이스라엘 왕이 된 지 사 년 시브월 곧 둘째 달에 솔로몬이 여호와를 위하여 성전 건축하기를 시작하였더라 솔로몬 왕이 여호와를 위하여 건축한 성전은 길이가 육십 규빗이요 너비가 이십 규빗이요 높이가 삼십 규빗이며"(열왕기상 6:1~2).

솔로몬은 하나님이 세우신 이스라엘의 세 번째 왕이다. 구약의 왕은 제사장, 선지자들과 같이 하나님께서 기름 부어 세우셨기에 하나님의 뜻대로 백성들을 섬겨야 한다.

그러나 솔로몬은 왕이 되어서 어떻게 살았을까? 솔로몬은 성전을 건축하는 데 7년이 걸렸으며, 왕궁 건축에는 13년 걸렸다. 성전의 크기는 1규빗을 50cm로 계산했을 때, 길이 30m, 너비 10m, 높이 15m이고, 왕궁의 크기는 길이 50m, 너비 25m, 높이 15m이다. 성전과 왕궁은 서로 마주 보고 있으며, 왕궁이 성전에 비해 네 배 이상이나 크다.

왕궁이 크다는 것이 잘못된 것은 아니지만 크게 지은 이유가 이상하다. 솔로몬은 애굽의 왕 바로와 혼인 관계를 맺어 그의 딸을 맞이하기 위해 왕궁을 짓기 시작했으며, 모압과 암몬, 에돔과 시돈, 헷 나라의 많은 여인을 사랑하여 이방 나라의 공주들을 아내로 데려왔다. 솔로몬은 후궁이 700명, 첩이 300명이나 되어 이 여인들이 하나님을 향한 솔로몬의 마음을 돌아서게 하였다.

왕궁을 얼마든지 크게 지을 수 있지만, 동기가 자신의 욕심과 탐욕으로 크게 지었다면 잘못된 것이다. 그 여인들을 통해 우상과 거짓 문화들이 이스라엘까지 들어왔고 성전 바로 앞에 있는 왕궁은 우상 집합소가 되고 말았다.

성전에서는 제사를 드리며 하나님께 영광을 돌리고 있는데, 건너편 왕궁에서는 천 명의 공주들이 천 개의 우상을 숭배하고 있다. 결국, 성전보다 4배나 큰 왕궁의 영향이 커짐으로 성전에서는 형식적인 제사가 되어간다.

우리 안에도 영적인 성전과 왕궁의 기능이 있다고 본다. 하나님의 영광을 위한 삶을 사는 것은 영적인 성전의 기능으로 사는 것이며, 나의 쾌락과 욕심으로만 산다면 영적인 왕궁의 기능으로 사는 것이다.

우리 안에 더 많은 영향을 주는 것은 어느 것인가? 나는 탐욕이 가득한 영적인 왕궁의 삶을 살고 있는지 아니면 하나님의 말씀과 믿음의 삶인 영적인 성전의 삶을 살고 있는지 하나님은 다 아시고 보고 계시며 나의 가까운 이웃이나 가족, 특히 자녀들은 우리의 삶을 지켜보고 있다.

"솔로몬이 자기의 왕궁을 십삼 년 동안 건축하여 그 전부를 준공하니라 그가 레바논 나무로 왕궁을 지었으니 길이가 백 규빗이요 너비가 오십 규빗이요 높이가 삼십 규빗이라 백향목 기둥이 네 줄이요 기둥 위에 백향목 들보가 있으며"(열왕기상 7:1-2).

세 나무의 소원

YouTube 에서
설교 동영상을
보실 수 있습니다

"사람이 마음으로 자기의 길을 계획할지라도 그의 걸음을 인도하시는 이는 여호와시니라"(잠 16:9).

우리는 세 나무의 소원 이야기를 잘 알고 있다. 어느 산속에 세 그루의 나무들은 소원이 있었다.

첫 번째 나무는 왕을 모시는 멋지고 화려한 침대가 되고 싶었다. 두 번째 나무는 바다를 항해하는 큰 배가 되어 사람들의 왕래를 도울 뿐 아니라 온 세계로 두루 다니며 쓰임 받기를 소원했다. 세 번째 나무는 높이 자라나 하늘을 향해 서 있고 싶었다.

어느 날, 나무꾼은 산에 올라가 왕의 침대가 되고 싶었던 첫 번째 나무를 찍어 작은 구유를 만들었다. 소나 말들이 핥아먹는 먹이통이 되어 마구간 한 귀퉁이에 팽개쳐버린 슬픈 신세가 된 것이다.

오랜 시간이 지난 후에 하나님의 아들 예수님께서 우리 죄를 용서하고 구원하려고 이 세상에 오셨다. 만왕의 왕으로 오시는 예수님께서 왕궁이나 좋은 처소에 오시지 않고 더럽고 냄새나는 말구유에 태어나신 것이다. 첫 번째 나무가 소원한 것보다 하나님께서는 더 영광스럽고 가치 있게 인도해 주신 것이다.

30년 후 나무꾼은 산에 올라가 큰 배가 되고 싶었던 두 번째 나무를 찍어 조그마한 고깃배를 만들었다. 바다가 아닌 호숫가에서 어부들이나 올라타고 비린내 나는 생선이나 싣고 다니는 신세가 된 것이다.

시간이 흘러 어느 날, 예수님께서 복음을 전하실 때 갈릴리 호수에 오셔서 그 작고 보잘것없는 고깃배에 올라앉으시고 하나님 말씀을 전하셨다. 고깃배가 말씀을 전하는 주님의 강단이 되어 뜻밖의 영광을 입었던 것이다. 두 번째 나무도 사모하고 소원한 것보다 하나님께서는 더 영광스럽고 아름답게 사용해 주셨다.

그로부터 3년 후 나무꾼은 산에 올라가 산에 홀로 남아있고 싶었던 세 번째 나무를 급히 찍어 저주받은 죄인들을 매달아 죽이는 형틀인 십자가를 만들었다. 세 번째 나무는 우리 구주 예수님이 온 인류의 죄를 대신하여 못 박혀 달리신 십자가로 쓰임 받는 도구가 되었다. 세 번째 나무도 소원한 것보다 하나님께서 더 영광스럽고 존귀하게 사용하셨다.

인생에 일어나는 모든 사건은 우연이 아니라 하나님의 인도와 섭리다. 개인적으로 아픔과 고통의 모든 순간은 사람이 만드는 것 같지만 배후에 하나님이 다스리시고 있는 것이다. 하나님께서 큰 그림을 가지고 계시며 선하게 우리를 인도하시고 다듬어 가신다. 하나님은 우리의 기쁨과 고난, 모든 것을 합력하여 선을 이루어 가신다.

내가 나를 향한 계획보다 하나님의 나를 향한 계획은 더 크고 놀랍고 위대하며 아름답다. 하나님의 신실한 계획을 신뢰하는 것이 중요하다.

하나님의 섭리를 믿는 사람들의 특징은 인생의 주어가 하나님이다. 이런 사람은 환경이나 사람이 그를 무너뜨리지 못한다. 하나님의 섭리를 받아들이는 사람은 승리도, 넘어짐도 받아들인다. 잘되어도 교만하지 않고 잘 안되어도 흔들리거나 절망하지 않는다.

혹시 나의 계획대로 안 된다고 당황하거나 실망하지 않는다. 하나님이 더 좋은 계획으로 인도하실 것을 믿기 때문이다. 우리는 항상 하나님의 뜻 안에 있다.

내 꿈이 깨어진다고 하나님의 꿈이 깨어지는 것은 아니다. 나는 실패할 수 있어도 하나님은 실패하지 않는다. 어려움이 와도 하나님의 주권을 믿고 신뢰하면 요동하지 않고 평안할 수 있으며 당당할 수 있다. 나의 나 된 것은 내 능력이 아니라 하나님의 능력이다.

참된 행복

YouTube 에서
설교 동영상을
보실 수 있습니다

"아버지는 종들에게 이르되 제일 좋은 옷을 내어다가 입히고 손에 가락지를 끼우고 발에 신을 신기라 그리고 살진 송아지를 끌어다가 잡으라 우리가 먹고 즐기자 이 내 아들은 죽었다가 다시 살아났으며 내가 잃었다가 다시 얻었노라 하니 그들이 즐거워하더라"(눅 15:22~24).

어느 부잣집에 두 아들이 살고 있었다. 첫째 아들은 열심히 일을 했지만, 둘째 아들은 아버지의 재산 중에서 자기에게 돌아올 분깃을 달라고 요청했다. 유산을 미리 달라는 것은 아버지가 살아 계시는데 죽었다고 가정하고 재산을 요구하는 것이다. 자식으로서 있을 수 없는 일이다. 그는 자기 마음대로 살 것이라며 먼 나라로 떠난다.

사실 내 것은 하나도 없으며 모두 하나님이 주신 것이다. 생명과 건강, 가정과 자녀, 기업과 지혜도 하나님이 주신 것이다.

둘째 아들은 먼 나라로 가면 아버지도 없고 간섭도 없으니 행복할 것으로 생각했을 것이다. 우리는 하나님이 주신 것을 자신의 쾌락을 위해 쓰지 말고 주신 목적대로 주님의 영광과 나라를 위해 사용해야 한다.

그는 허랑방탕하게 생활했으며 얼마 있지 않아서 그 많은 재산을 모두 탕진하고 말았다. 돈이 있을 때는 친구들이 많고, 하고 싶은 것도 다하며 제멋대로 살면 좋으리라 생각했을 것이다. 그러나 아버지를 떠나면 진정한 행복과 기쁨, 만족이 없다.

우리 주위에는 교회 안에 있어도 은혜와 감격을 모른 채 살아가는 분들이 있다. 그런 삶은 신앙생활이 아닌 종교 활동을 하는 것이기에 우리 영혼과 마음이 하나님 아버지를 떠나 있는 것이다.

둘째 아들이 있는 지역에 흉년이 들었다. 옆에 있었던 친구들은 모두 떠났고, 돌봐줄 사람도 없게 되었다. 일을 하려고 해도 환영하는 곳도 없었고 돼지 돌보는 일을 하려고 해도 그에게 맡기지 않는다. 나중에는 배고파 사람들이 먹지도 않는 쥐엄 열매를 먹으려고 해도 주는 사람이 없다.

둘째 아들은 아버지의 아들인데 사랑과 기쁨, 축복을 누리지 못하고 있다. 왜냐하면, 아버지의 품에서 행복을 찾지 않고 세상이나 다른 곳에서 행복을 찾으려고 했기 때문이다.

하나님 밖에서는 진정한 행복이 없다. 다른 곳에서 행복을 찾으려고 하면 반드시 하나님을 등져야 하고 가슴 아프게 해야 한다. 그는 진정한 행복이 어디에 있는 줄 몰랐으며 순간의 쾌락은 진정한 행복이 아니다.

그는 자신을 사랑해주셨던 아버지가 생각나기 시작했으며, 아버지께로 돌아가야 한다는 마음을 갖게 된다. 밖에 나와 보니 아버지의 사랑과 품이 얼마나 귀한지를 깨닫게 되었다.

자신의 잘못을 깨닫고 인정하게 된다. 아버지에게 유산을 달라는 것도 잘못인 줄 몰랐고 자신의 교만함이 아버지의 마음을 얼마나 아프게 했는지를 깨닫게 되었다. 더 나아가 하늘 아버지께도 죄를 지었다고 고백한다.

둘째 아들은 생각으로 그치지 않고 결단하여 일어나 아버지께로 돌아간다. 사실, 아버지는 둘째 아들이 돈을 쓴 것에는 관심이 없고 깨닫고 돌아오기를 기다리고 있었던 것이다.

하나님 아버지께 돌아오면 세상이 줄 수 없는 행복과 기쁨, 만족이 있다. 어떤 분은 지은 죄가 많아 하나님 앞에 못 나온다고 하는데 그렇지 않다. 죄가 아무리 커도 하나님의 은혜와 사랑이 더 크다.

둘째 아들과 같이 초라하고 추한 모습이 될지라도 괜찮다. 있는 모습 그대로 하나님 아버지 앞으로 나가면 맞아 주신다. 만약 그가 창피하거나 부끄러워서 아버지 앞으로 나오지 못하면 행복과 회복을 누리지 못한다.

성공해서 하나님께 나오려고 하지 말고 지금 있는 모습 그대로 하나님 아버지의 품으로 오면 된다. 없으면 없는 대로 아프면 아픈 대로 나오면 사랑 많으신 하나님 아버지께서 더럽고 추하다고 거절하지 않으시고 받아주신다.

돌아오는 그를 보고 다른 사람은 알아볼 수 없었겠지만, 아버지가 먼저 알아본다. 이것이 사랑의 힘이다. 아버지는 둘째 아들이 집을 나간 때부터 단 한 번도 마음 편한 적이 없었고, 잠도 제대로 자지 못하고, 밥맛도 없었다. 집을 떠난 아들이 돌아와야 하는데 오늘도, 내일도 계속 기다리고 있었던 것이다.

아들이 아버지께 달려 나온 것이 아니라 아버지가 아들을 행해 달려가 울며 끌어안고 입을 맞춘다. 그리고 아버지는 제일 좋은 옷을 입히고 손에 가락지를 끼우고 발에 신을 신기고 살진 송아지를 잡고 잔치를 배설한다.

왜냐하면, 이 아들은 죽었다가 살았으며 잃었다가 찾았기 때문에 아버지에게는 최고의 기쁨인 것이다. 아버지는 아들에게 돈을 어디다 썼는지 묻지도 않고 열심히 일해서 갚으라고 하지도 않는다. 아버지가 아들을 기다리고 즐거워하는 이유는 사랑하기 때문이다.

하나님은 여러분을 사랑하시며 기다리신다. 하나님 아버지 밖에서는 행복과 기쁨이 없기에 하나님은 여러분이 하나님 품 안에서 진정한 행복을 누리며 살아가기를 원한다.

하나님의 은사로 불꽃처럼 쓰임 받는 인생

YouTube 에서
설교 동영상을
보실 수 있습니다

"그러므로 내가 나의 안수함으로 네 속에 있는 하나님의 은사를 다시 불 일 듯 하게 하기 위하여 너로 생각하게 하노니"(딤후 1:6).

방향을 모르면 방황하고 시간을 낭비하기에 인생에 있어서 목표와 방향은 아주 중요하다. 그렇지만 방향을 알아도 목적지에 도착하지 못하는 경우도 있다. 차에 기름이 없어 시동이 안 걸리거나 힘과 에너지가 없을 때 목적지에 도착할 수 없다.

목회나 사역, 우리의 모든 삶도 하나님의 영광을 위한 바른 방향이 있어야 하지만 하늘의 불과 능력이 없으면 감당하기가 어렵다.

계시록에 나오는 일곱 교회 중 라오디게아 교회는 우리 주님께서 미지근하여 뜨겁지도 아니하고 차지도 아니하니, 열심을 내고 회개하라고 말씀하셨다. 우리는 시간이 흘러감에 따라 점점 식어가고 있는지 아니면 뜨거워지고 있는지 자신을 점검해야 한다.

성경에 나오는 디모데는 바울의 후임자로서, 젊은 나이로 인해 무시당할 수 있는 점과 건강하지 못함과 이단들과 거짓 교사들이 들어와 교회를 흔들고 있어서 모든 면에서 힘들고 지쳐있는 상태였다.

바울은 디모데에게 주저앉아 있지 말고 네 속에 있는 하나님의 은사를 다시 불일 듯하여 용기 내어 다시 일어나라고 권면한다. 디모데에게는 이미 하나님의 은사가 있었다.

은사는 맡겨진 자리에서 사명을 책임 있게 감당하라고 하나님이 주시는 것이다. 그래야 하나님께도 영광이 되고 자신과 다른 사람에게도 기쁨이 되고 열매를 맺을 수 있다.

하나님의 은사와 부르심에는 후회함이 없기에 하나님이 부르실 때는 감당할 힘과 은사도 주신다. 그러므로 우리가 잘났거나 똑똑해서 받은 것이 아니기에 교만하거나 자랑을 하면 안 된다.

하나님이 내게 주신 은사를 거부하거나 사용하지 않아 묻어두지 말고 하나님의 영광과 교회의 덕을 세우기 위해 마음껏 쓰임 받아야 한다. 바울은 은사를 독점하려는 마음이 없고 모든 사람이 하나님의 은사를 받아 쓰임 받기를 원하고 있다. 바울이 로마교회 성도들을 보기를 간절히 원하는 것은 신령한 은사를 나누어 주어 견고하게 하려는 것이다.

어떤 분들은 다른 사람에게 주어진 은사는 좋다고 생각하고 자기가 받은 은사는 시시하게 생각하는 분들이 있다. 그렇지 않다. 하나님께서 나를 가장 잘 아시기에 합당하게 주신 것이므로 이미 주신 은사에 감사하고 만족하고 잘 활용해야 한다.

하나님이 내게 주신 은혜와 은사가 무엇인지 잊지 말고 생각해 보아야 한다. 내 마음이 식어지는 이유는 하나님의 은혜를 생각하지 않기 때문이다.

바울은 디모데에게 하나님의 은사를 다시 불일 듯하게 하라고 권면한다. '다시'라는 단어는 매우 중요한 단어다. 우리의 삶은 연약하기에 넘어지고 쓰러질 때마다 우리 주님이 다시 찾아와 주셨고, 다시 붙잡아 주셨으며, 다시 은혜를 주셔서 일으켜 주셨다.

우리는 '다시'가 아니었다면 여기까지 올 수 없었고 '다시'가 있었기에 여기까지 존재할 수 있었다.

성경의 인물들을 보면 '다시'의 은혜를 입었다는 것을 알 수 있다. 모세나 다윗, 예수님의 열두제자들, 특히 베드로를 봐도 '다시'의 은혜가 있었기에 인생의 후반전을 하나님의 손에 붙잡혀 쓰임 받을 수가 있었다.

하나님의 은사로 '다시' 일어나 우리의 인생이 불꽃처럼 쓰임 받기를 소원한다.

선택은 영원을 좌우한다

YouTube 에서
설교 동영상을
보실 수 있습니다

"달린 행악자 중 하나는 비방하여 이르되 네가 그리스도가 아니냐 너와 우리를 구원하라 하되 하나는 그 사람을 꾸짖어 이르되 네가 동일한 정죄를 받고서도 하나님을 두려워하지 아니하느냐 우리는 우리가 행한 일에 상당한 보응을 받는 것이니 이에 당연하거니와 이 사람이 행한 것은 옳지 않은 것이 없느니라 하고 이르되 예수여 당신의 나라에 임하실 때에 나를 기억하소서 하니 예수께서 이르시되 내가 진실로 네게 이르노니 오늘 네가 나와 함께 낙원에 있으리라 하시니라"(눅 23:39~43).

바른 선택은 바른 결과를 낳고, 잘못된 선택은 잘못된 결과를 낳는다. 예수님이 십자가를 지시고 달리실 때 양쪽에 강도들도 있었다.

강도들은 악을 행했던 행악자였고, 십자가 위에서도 예수님을 비방했다. 강도 둘은 다른 선택을 하게 되었고, 두 사람에게는 전혀 다른 결과가 나왔다.

한 강도는 예수님을 향해 "네가 그리스도라면 너와 우리를 구원하라"고 조롱했다. 예수님이 십자가에서 내려오면 하나님의 구원 사역을 막는 것이 되고 우리의 구원은 이루어질 수 없다. 예수님은 얼마든지 십자가 위에서 내려올 수 있었지만 예수님은 자신을 드러내고 능력을 과시하기 위해 기적을 사용하지 않으셨다. 예수님의 죽으심이 우리를 살리는 것이다.

안타까운 것은 이 강도가 "그리스도여 나를 구원하소서"라고 고백했다면 얼마든지 구원받을 수 있었다. 그는 '그리스도', '구원'이라는 단어를 말하고 있으면서도 그리스도와 구원과는 전혀 상관없는 사람이 되었다.

우리가 바른말을 하고 좋은 말을 한다고 해서 다 믿음의 사람이 아니다. 하나님을 찬양하면서도 하나님을 믿지 않고 부를 수 있다. 우리 입술의 고백뿐만 아니라 마음을 다해 고백하고 삶으로 고백해야 한다.

예수님은 자신을 욕하고 십자가에 못 박고 매달아 죽이고 있는 로마 군병들과 종교 지도자들, 이스라엘 백성들뿐 아니라 인류를 위해 하나님께 저들을 용서해 달라고, 자기들이 하는 것을 알지 못하기 때문이라고 말씀하며 기도하고 있다.

한 강도는 십자가에 달려서 처음에는 예수님을 비방했지만, 예수님의 고백을 들으면서 그 마음에 변화가 일어났다. 예수님의 긍휼과 용서가 강도의 마음을 바꿔 놓았다.

우리도 예수님의 용서를 거부하지 않고 받아들일 때 구원을 받을 수 있다. 우리도 용서할 때 공동체가 살아나는 은혜가 있다. 내가 용서해야 할 대상은 멀리 있지 않고 아주 가까이 있다. 멀리 있는 사람은 우리에게 상처를 주지 않는다. 용서는 내 힘으로 잘 안 되기에 우리가 기도할 때 주님께서 용서할 수 있는 능력과 마음을 주실 것이다.

이 강도는 예수님은 죄가 없고 의로우신 분이고, 자신의 잘못을 알고 벌 받는 것이 당연하다고 말한다. 죄지은 것에 대해 핑계하거나 변명하지 않는다. 구원의 출발은 자신이 죄인임을 인정할 때 시작된다.

이 강도는 구원자인 예수님의 이름을 부르며 하나님 나라를 고백하고 있다. 하나님 나라의 주인이신 예수님께 자신을 기억해 달라고 요청한다. 다른 이름으로서는 구원이 없고 오직 마음 다해 왕 되신 예수님의 이름을 부를 때 구원을 받는다.

구원은 내가 주님을 기억하는 것이 아니라 주님이 나를 기억하는 것이다. 구원은 내가 주님의 손을 붙잡는 것이 아니고 주님이 나의 손을 붙잡아 주는 것이다. 주님은 나의 마음과 이름, 사정과 형편, 기도와 섬김을 아시고 기억하신다.

이 강도의 기도 제목은 십자가에서 내려가는 것이 아니라 영혼이 하나님 나라에 들어가는 것이다. 더 귀한 것은 구원받은 시점이 수많은 영혼이 예수님을 따르고 예수님이 기적을 일으킬 때가 아니라 사람들이 예수님을 핍박하고 떠나며 고통당하고 있을 때 예수님을 믿기로 결정한 것이다.

주님의 응답이 이 강도에게 임한다. "오늘 네가 나와 함께 낙원에 있으리라."

오늘 주님을 믿고 영접하면 오늘, 지금, 구원받는 것이다. 바른 선택은 영원을 좌우한다. 천국은 주님이 함께하는 곳이다. 아무리 화려해도 예수님이 없으면 그곳은 천국이 아니다. 이 땅에서도 예수님과 함께하면 천국을 경험한다. 혼자 있을 때도, 가정이나 직장에 있어도, 주님과 함께하면 천국을 경험할 수 있다. 그러나 아무리 돈이 많아도 명예가 높아도 주님이 함께하지 않으면 천국의 삶이 아니다.

바른 선택을 통해 영혼과 미래에 후회 없는 영광스러운 삶이 되기를 축복한다.

성령 충만을 받으라

YouTube 에서
설교 동영상을
보실 수 있습니다

"오순절 날이 이미 이르매 그들이 다같이 한 곳에 모였더니 홀연히 하늘로부터 급하고 강한 바람 같은 소리가 있어 그들이 앉은 온 집에 가득하며 마치 불의 혀처럼 갈라지는 것들이 그들에게 보여 각 사람 위에 하나씩 임하여 있더니 그들이 다 성령의 충만함을 받고 성령이 말하게 하심을 따라 다른 언어들로 말하기를 시작하니라"(행 2:1~4).

성령 충만, 우리 평생의 기도제목이다. 성령 충만하지 않으면 마음과 얼굴이 어둡고, 예배와 봉사도 안 되고, 사명도 감당할 수 없다. 우리는 무엇을 하기 전에 먼저 성령 충만해야 한다.

예수님은 십자가에 죽으시고 사흘 만에 부활하신 후 40일 동안 계시다가 무리를 향해 예루살렘을 떠나지 말고 아버지께서 약속하신 성령을 기다리라고 분부하셨다.

오순절 날 120명의 성도는 마가의 다락방에서 마음을 같이 하여 오로지 기도에 힘썼다. 그들의 기도 제목은 성령을 부어 달라는 한 가지였다. 하나님이 주신 가장 좋은 선물은 바로 성령님이시다.

그들이 기도하는 가운데 십 일째 되는 날, 세 가지의 현상이 나타난다. 예수님의 약속이 이루어지는 순간이다.

첫째, 홀연히 하늘로부터 급하고 강한 바람 같은 소리가 들리기 시작한다. 사람은 무엇을 듣느냐에 따라 인생이 달라진다. 세상의 유혹과 죄악의 소리가 아닌 하나님의 음성을 들을 수 있기를 바란다. 육성을 통해 하나님의 음성을 들으려고 하면 신앙의 오해가 생기기에 우리는 성경을 통해 하나님의 음성을 들어야 한다.

둘째, 마치 불의 혀처럼 갈라지는 것들이 각 사람 위에 하나씩 임하는 것을 보고 있다. 하늘에서 불이 임하는 데 타지 않는 하나님의 불이다. 이 불은 사람이 만들어 낸 세상적인 불이 아니라, 나를 향한 사랑의 불이고 은혜의 불이다. 불이 임하면 견딜 수 없이 주님을 사랑하게 되고 회개하게 되어 거룩하게 된다.

셋째, 그들이 다 성령의 충만함을 받고 성령이 말하게 하심을 따라 다른 언어들로 말하기를 시작하여 입이 열렸다. 성령 충만한 사람은 말하는 것을 보면 안다. 내가 하고 싶은 말이 아닌 하나님을 높이고 사람을 축복하는 언어, 불평과 비난의 언어가 아닌 사랑과 축복의 언어로 바뀐다.

성령세례는 신앙고백과 연관이 있다. 하나님의 사랑을 깨닫게 되고 자신이 죄인임을 알게 된다. 하나님을 아버지라 부르고 그분이 우리 인생의 주인이 되심을 알게 된다.

성령 충만은 내주하시는 성령님의 온전한 다스림을 받으며 순종하는 것이다. 그로 인해 삶 속에서 성령의 성품이 내 삶을 통해 인격의 열매로 드러나는 것이고 성령의 권능이 사역과 증인 된 삶을 살 수 있도록 역사한다. 즉 성품의 변화와 사역을 지혜롭게 감당하는 능력으로 나타난다.

겸손하지만 비굴하지 않고 당당하지만 교만하지 않기를 바란다. 비겁하여 숨고 두려웠던 제자들은 성령 충만 받은 후 담대한 복음 전도자가 되었던 것처럼 무기력한 삶이 아닌 성령님과 동행하는 승리의 삶이 되길 기도한다.

초판 1쇄 _ 2023년 1월 1일
지 은 이 _ 최규명
펴 낸 이 _ 김현태
디 자 인 _ 디자이너 장창호
펴 낸 곳 _ 따스한 이야기
등   록 _ No. 305-2011-000035
전   화 _ 070-8699-8765
팩   스 _ 02- 6020-8765
이 메 일 _ jhyuntae512@hanmail.net

따스한 이야기 페이스북
https://www.facebook.com/touchingstorypublisher

따스한 이야기는 출판을 원하는 분들의 좋은 원고를
기다리고 있습니다.

가격 15,000원